不動産で資産を守る・受け継ぐ

富裕層ファミリーの
相続戦略

鈴木子音
SUZUKI SHION

幻冬舎MC

富裕層ファミリーの相続戦略

不動産で資産を守る・受け継ぐ

はじめに

ひとくちに相続といっても、一般的な相続と富裕層の相続とでは、まったくの別物といっても過言ではありません。

というのも相続税に超過累進課税制度を採用する日本では、富裕層の相続において多額の相続税が発生するからです。昨今では、株価の上昇や円安、不動産価値の高騰などで資産評価額が想定以上に高く算定され、思いもよらぬほどの税額に跳ね上がってしまったというケースも散見されます。

しかし、よほどのことがない限り生活に困ることはないだけの資産を築いた富裕層は、「妻や子どもたちが多額の相続税を課税されたとしても、今と変わらず豊かな暮らしができるだろう」「何か対策するとしてももう少し老いてからで大丈夫だろう」と呑気に考えて何も対策しないという方が少なくありません。また、子の立場からしても相続は親の死に関わる話題であるため、なかなか自分から相談を持ちかけづらいという問題もあります。

しかし、相続対策を一切講じていない状態で本人が急に亡くなってしまうと、遺された家族は複雑な相続税問題に対応せねばならず、想像以上に苦労するというケースが非常に多いのです。

私は、東京の広尾で富裕層向けに不動産を中心とした資産戦略コンサルティングを提供する会社を経営しています。前職のリクルートで不動産会社の業務支援コンサルタントとして働くうちに、富裕層の知人たちから不動産に関する相談を受けるようになったことが起業のきっかけでした。日々、富裕層ファミリーの相談に乗り不動産活用のコンサルティングを行っています。

富裕層の資産戦略にはさまざまな方法がありますが、なかでも有効なのが不動産を活用した相続対策です。相続税の計算において不動産の資産評価額は実際の市場価値よりも低く見積もられることが多いため、相続税を大きく減らすことができるのは広く知られています。また、不動産を活用した財産の継承は、遺された家族が安心して資産を受け取り安定した運用ができる環境を整えるのに適しています。安定した収益が見込める物件を相続すれば、適切な管理会社に任せておくだけで一定の収益を年金のように得ることが可能だからです。

そして、これらのメリットを享受するためには、不動産や相続税について正しく理解するのはもちろんですが、常日頃から家族と相続について話し合うことが欠かせません。たとえ本人が適切な対策を講じていたとしても、家族からの十分な理解が得られていなければ、いざ相続するときに、苦労して行ってきた対策が台無しになってしまいます。ファミリーで認識を共有し、一丸となって相続に取り組む必要があるのです。

本書では、不動産を活用した資産戦略のうち、富裕層の相続対策における「王道」かつ「鉄板」の方法について詳しく解説しています。そしてファミリー間で理解を共有しやすいように、できる限りシンプルに分かりやすく解説することを心がけました。また、一般的な相続書のように仕組みや手続きを解説するだけではなく、富裕層に特有の事情を踏まえたうえで、なぜそうするべきかという本質的な理由にも触れています。本書が富裕層の皆さまの相続に対する不安を少しでも取り除き、安心して人生を楽しむきっかけとなればとてもうれしく思います。

目次

第2章

富裕層ファミリーの相続に「不動産」が最適な理由

第3章

富裕層ファミリーの安心相続を実現する不動産の選び方

第4章

よくある失敗を避けスムーズに引き継ぐためのポイント

第5章

富裕層ならではの悩みに精通する
世代を超えた相談ができる専門家の選び方

第 6 章

家族で進めるプラスアルファの対策で 円満相続をかなえる

第 1 章

株価上昇、インフレによる多額の相続税が
富裕層ファミリーを襲う！

これからの日本は
早期の相続対策が必須

増え続ける日本の相続税課税対象者

コロナショック以降、株価は世界的に安定して上昇を続けており、2024年、日経平均株価はついにバブル期（1989年12月）以来の高値を更新して4万円台に到達しました。これにより、多くの投資家は大幅に資産を増加させました。さらに歴史的な円安進行によって、国外に資産を持つ日本人はその資産価値をさらに上昇させました。

一方で、こうした景気動向による資産の増加だけではなく、高齢者が長年にわたって蓄えてきた資産を相続によって受け継いだ若い世代からも、新たな富裕層が続々と誕生しているのです。

野村総合研究所（NRI）の調査によると、2023年の日本における資産1億円以上の富裕層の合計世帯数は約165・3万世帯（図表1）で、推計を開始した2005年以降、最も多かった前回2021年の148・5万世帯からさらに11・3％も増加しました。

図表1　純金融資産保有額の階層別にみた保有資産規模と世帯数

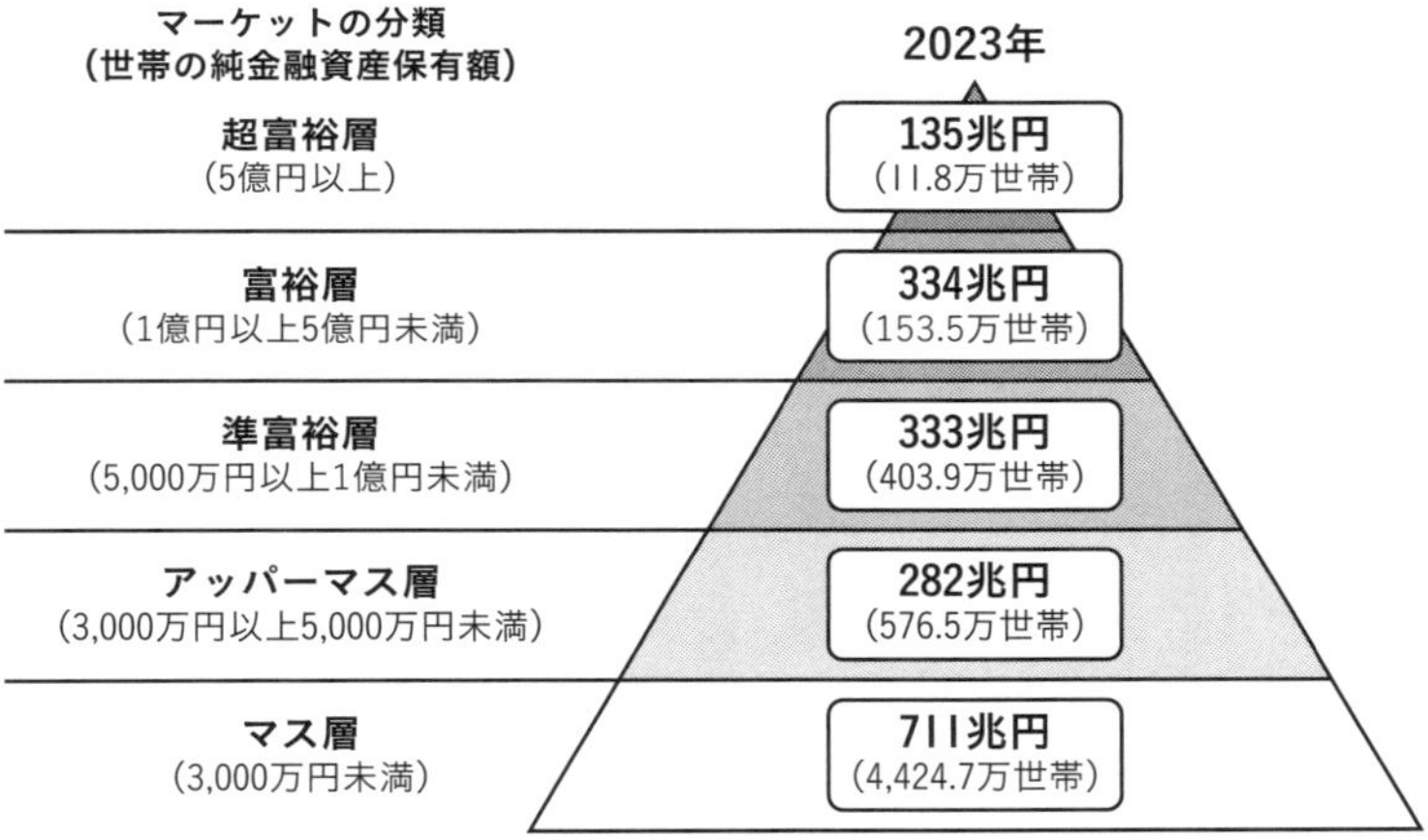

出典：国税庁「国税庁統計年報書」、総務省「全国家計構造調査（旧全国消費実態調査）」、厚生労働省「人口動態調査」、国立社会保障・人口問題研究所「日本の世帯数の将来推計」、東証「TOPIX」および「NRI生活者1万人アンケート調査」、「NRI富裕層アンケート調査」等よりNRI推計

安倍政権の経済政策（アベノミクス）が始まった2013年以降、一貫して増加を続けています。

どんな理由であれ資産が増えるのは喜ばしいことではありますが、その半面、想像もしなかった恐ろしい現実も待っています。

それは、巨額の資産を相続する際に課される高額な相続税です。相続税が無税となる基礎控除額は「3000万円＋（600万円×法定相続人の数）」です。仮に相続人が配偶者と子ども2人とすれば、基礎控除額は4800万円です。つまり約5000万円の資産を保有していれば相続税の課税対象とな

図表2　相続税の計算例と速算表

基礎控除額＝3000万円＋(600万円×法定相続人の数)

配偶者1/2

子ども①1/4　　**基礎控除額：3000万円＋(600万円×3)＝4800万円**

子ども②1/4

資産5000万円の場合　5000万円－4800万円＝200万円
配偶者　：100万円×10％(税率)＝10万円
子ども①：50万円×10％(税率)＝ 5万円
子ども②：50万円×10％(税率)＝ 5万円
計　：20万円

資産1億円の場合　1億円－4800万円＝5200万円
配偶者　：2600万円×15％(税率)-50万円＝340万円
子ども①：1300万円×15％(税率)-50万円＝145万円
子ども②：1300万円×15％(税率)-50万円＝145万円
計　：630万円

相続税の速算表(2015年1月1日以後)

法定相続分に応ずる取得金額	税率	控除額
1000万円以下	10%	-
3000万円以下	15%	50万円
5000万円以下	20%	200万円
1億円以下	30%	700万円
2億円以下	40%	1700万円
3億円以下	45%	2700万円
6億円以下	50%	4200万円
6億円超	55%	7200万円

出典：国税庁「No.4155 相続税の税率」より作成

るわけですが、野村総合研究所の発表によると、この資産を持つ世帯数も増加し続けています。

日本の相続税は累進課税方式です。資産が1億円ある富裕層に配偶者と子どもが2人いる場合、それぞれの課税価格は３０００万円以下で税率は15％であり、相続税は合計６３０万円となります。課税価格が３億円を超えると税率は50％、6億円超だと最高税率の55％となります。もし6億円の資産を相続するのが子ども1人のみの場合、6億円×55％－７２００万円（控除額）＝2億５８００万円を相続税として納めなければなりません。資産の約半分もの相続税が発生する可能性があるという事実はあまり知られておらず、いざ相続という段になって初めて驚愕するケースが多いのです。

あるいは、相続税の恐ろしさを薄々は知りながらも、あまり危機感を持たれていない方もいらっしゃいます。「自分はまだ元気だから相続のことなんて考える必要がない」と、資産価値の上昇を無邪気に喜んでいます。また一方、保有資産が急激に上昇したことでそもそも自分が富裕層の仲間入りをしたという自覚がなく、相続の心配など考えもしなかったというケースもあります。こうした方々も、やはりいざ相続という段になった際に遺されたご家族が頭を抱えることになってしまうのです。

日本の相続税負担は世界一

日本の相続税は世界一厳しいといわれることがあります。そもそも相続税は富の再分配の手段として位置づけられており、相続税を通じて富の集中を防ぎ、社会的な公平を保つことが目的とされています。

日本の相続税率は累進課税制度で、最高55％と世界でも最高水準に設定されています。他の主要国と比較すると、韓国が50％、フランスが45％、イギリスとアメリカが40％と、日本が世界一富裕層の相続に厳しい国であることが分かります。

また、「3000万円＋（600万円×法定相続人の数）」の基礎控除額も他国と比べてかなり低い水準です。アメリカでは相続税の基礎控除額は2024年現在、インフレーション調整のため時限立法により増額されてはいるものの、1361万ドル（約20億円）と非常に高く設定されており、多くの人にとって相続税は無縁の存在です。時限立法が適用されなくなれば500万ドル（約7億5000万円）となりますが、それでも日本を大幅に上回る基礎控除額です。

さらにイギリスは50万ポンド（約8000万円）、フランスは100万ユーロ（約1億4000万円）、ドイツは50万ユーロ（約7000万円）となっており、日本の基礎控除額は先進国の中でもかなり低いといわざるを得ません。

一方で、世界には相続税が存在しない国・地域もあります。例えば、中国、香港、シンガポール、マレーシア、オーストラリア、ニュージーランド、スウェーデン、ノルウェー、カナダ、ポルトガルなどです。これらの国々では相続税が廃止されているか、もともと存在しないため、相続に際して一切の税負担が発生しません。これに対して、日本では相続税の負担が重すぎるため、相続税を回避するために国外移住を考える資産家もいるほどです。

さらに重税化する日本の相続税

そして、世界一負担が大きいといわれる日本の相続税制は、今後もより重くなる傾向にあります。格差社会の広がりを踏まえ、政府は相続税の負担を重くすることで富の再分配機能を強化しようとしています。加えて、少子高齢化の進行で社会保障費の増大が財政を圧迫しており、その財源として相続税による増収に期待が寄せられているからです。

相続税の基礎控除は、そもそもバブル経済期の地価高騰の影響を抑えるために1988年に引き上げられました。当初は「2000万円＋（400万円×法定相続人の数）」でしたが、1988年には「4000万円＋（800万円×法定相続人の数）」に、1992年には「4800万円＋（950万円×法定相続人の数）」、今から30年前となる1994年には「5000万円＋（1000万円×法定相続人の数）」へと段階的に引き上げられ、兄弟姉妹の多い当時の日本では、億単位の資産でもなければ相続税は課税されないという状況が長らく続いてきました。

しかし、2015年にはそれまでの拡大方針から転換し、基礎控除は現行の「3000万円＋（600万円×法定相続人の数）」に引き下げられました。この改正により、相続税の納税対象者が大幅に増加したのです。にもかかわらず、多くの方にとっては2015年以前の手厚い基礎控除額だった時代の印象が強く残っているため、これが相続対策の必要性に対する世代間での温度差の遠因になっていると思います。

遺されたご家族に迷惑をかけない義務がある

こうした状況にもかかわらず、ご家族が相続される財産にどれほど課税されるのかをあまり気にしていない富裕層も少なくありません。自分が死んだ後のことは考えたくない、面倒なことに手をつけたくない、相続税が発生しても払えないことはないだろうし、財産を遺しすぎても家族間トラブルになりかねないため、自然のままに任せて課税されてもよいと考えている方は意外にも多くいらっしゃいます。しかし、これはあまりにも楽観的な考え方です。

まず、富裕層の相続は遺産の分割が難しい傾向があります。遺産の内訳は、不動産、株式、外資、事業用資産と幅広く、適切に分割するにはそれぞれの資産を正しく評価しなければなりません。この評価を巡ってご家族間の話し合いが複雑になり、争いへと発展してしまうこともあります。遺産の分割において公平性や透明性がなければ、ご家族間で感情的な対立が生じ、信頼関係が崩れ、家族仲に深刻な亀裂が生じる可能性があるでしょう。

また、何も準備をしていなければ、納税資金を捻出するために保有する不動産や大切な資産を売却する必要があるかもしれません。不本意な売却を避けるためには、事前にどの資産を誰に譲るのかをはっきりとさせ、相続人を交えて適切に準備する必要があります。

相続税の申告は被相続人（亡くなった人）が死亡したことを知った日の翌日から10カ月以内と定められています。遺されたご家族は、故人が亡くなった悲しみを受け止めながら相続の話し合いや手続きを進めなければなりません。仕事や子育てなど日々の生活を抱えたままで葬儀や法事を執り行い、相続財産を把握し、相続の話し合いを行ったうえで納税の目途を立てるというのは容易なことではありません。

ましてや、誰もがゆっくりと時間をかけて相続の準備ができるわけではありません。心臓疾患や脳疾患による突然死や、交通事故や自然災害などによって突然この世を去ってしまうということもあり得ます。

だからこそ、ある程度の財産を持つ富裕層であればできるだけ早い段階で、ご家族に迷惑がかからないよう何かしらの方針を決めておくことが大切なのです。せめてご自身が保有する財産にはどんなものがあり、それを誰に分け与えるかだけでも明確にしておけば、遺されたご家族の苦労を大きく軽減させることができます。相続の準備をする目的は、相続税を抑えて資産を多く遺すことだけではなく、ご家族の負担をできるだけ軽くするための最後の思い遣りでもあるのです。

「財産を遺すのだから文句を言うな」は傲慢

ところがその一方で、「多額の財産を遺してやるのだから文句を言うな」という方針の方もいらっしゃいます。生活に苦労しないだけの資産を受け継がせるのだから、多少の手間は受け容れるべきだという考えです。しかし、このような考えの方はおそらく、ご自身があまり相続での苦労を経験してこなかったのだろうなと想像できます。

高齢の富裕層が財産を相続した数十年前は、社会全体が良くも悪くも今と比べて「ゆるい」時代だったため、現在と比較して手間がかからない傾向にありました。ところが現在、相続財産を把握するための金融機関の手続きも非常に厳しくなっています。マネーロンダリング対策やコンプライアンス強化に伴い、金融機関はより厳格な本人確認や書類提出を求めるようになりました。これにより、口座の解約や移転手続きが煩雑化し、手続きに多くの時間と労力を要することになってしまいました。

さらに、口座管理のデジタル化やデジタル資産の増加も相続を複雑化させました。現代では暗号資産（仮想通貨）などのデジタル資産が増えています。昔は故人の家を捜索すれば通帳や株券などの現物が保管されており、そこから資産の目処をつけることが比較的容易にできましたが、現代は高齢者でさえもオンライン証券のアカウントを作成する時代です。このような状況では、故人のデジタル資産の所在やアクセス方法を特定するのは難しく、適切な相続手続きをすることが難しくなりました。

たとえ遺産が多額であっても、何も準備をしていないことで大切な存在を亡くしたばかりのご家族に余計な苦労をかけることはお勧めできません。また、遺されたご家族に遺産の分配を任せたために、相続に関する雑務を誰が担うかで揉めたり、分配される遺産の不公平感で揉めたりというのもよくある話です。

相続を考えるにあたって、遺されたご家族が揉めることを望まないのは当然だと思います。ご自身が亡くなられた後もご家族が仲良く穏やかに過ごすことを望んでいるのであれば、「財産を遺すのだから文句を言うな」とは考えず、財産の多寡にかかわらず何らかの準備をしておくことが大切だと思います。

図表3　近年の相続税に関する規制の強化

2015年：	相続税の基礎控除額の大幅な引き下げ 特定の状況下における小規模宅地等の評価減の適用の見直し
2018年：	贈与税の改正、生前贈与の非課税枠の見直し
2020年：	国外資産に対する相続税の取り扱いを強化
2021年：	相続開始後の遺産分割に関する規定の改正
2023年：	2024年1月1日以降の相続発生や贈与分から、区分所有のマンションの相続税評価方法を改正

相続対策への規制は年々強まっている

いざ相続対策を考えるにあたっては、最新の制度をよく確認する必要があります。富裕層の相続対策に対する風当たりは年々強くなっており、相続税の減免に活用できたさまざまな制度や特例が見直されているからです。

10年以内の主だった規制強化としては、まず2015年に相続税の基礎控除額の大幅な引き下げとともに、特定の状況下での小規模宅地等の評価減の適用が見直されました。小規模宅地等の評価減とは、居住用や事業用の土地がその評価額を大幅に減額できるという仕組みで、例えば被相続人が住んでいた自宅の土地を相続する場合、その宅地の評価額を最大80％減額することができます。

２０１５年の改正では相続人がその土地を一定期間保有し続けることや、土地の利用目的に関する制限が強化され、評価減の適用が限定されました。それまで対象だった二世帯住宅や、継続して事業が行われていない宅地、相続直前に購入して貸付を始めた宅地などが適用対象外となり、この制度を活用した安易な相続対策が難しくなりました。

また、２０１８年には贈与税の改正が行われ、生前贈与の非課税枠が見直されました。具体的には住宅取得資金の贈与に対する非課税枠が縮小され、教育資金や結婚・子育て資金の贈与に関する特例も期間延長に合わせて条件変更が行われ、以前と比較して使いにくいものになってしまいました。

２０２０年には国外資産に対する相続税の取り扱いが強化されています。それまで非居住者の国外資産は相続税の対象外とされていましたが、法改正によって居住期間の要件が厳格化され、相続開始前10年以内に日本国内に住所を有していた場合には国外資産であっても日本の相続税の課税対象となるように変更されました。

さらに２０２１年には、相続開始後の遺産分割に関する規定が改正されました。これまでは遺産分割が完了していないことを理由に申告をせず、相続税の申告時期を意図的に調整する場合がありました。しかしこの改正によって、遺産分割を終えていない場合でも申告期間内に相続税を申告しなければならなくなり、未分割の遺産であっても相続税が課税されるようになりました。

近年流行していた節税手法である、タワーマンション高層階の相続税評価額が市場価格と比べて著しく低く評価されることを利用した「タワマン節税」についても、2019年の東京地裁によって過度な節税が指摘されるなどとした結果、2024年1月1日以降の相続・贈与分から区分所有マンションの相続税評価方法が改正され、従来の相続税評価額の1・2倍から2倍ほどで評価されるよう改悪されました。

故人の情報を集めることは大変な作業である

財産の多寡にかかわらず、相続について何も準備をしなかった方が亡くなった場合、遺族が相続手続きのための情報を集めることは大変な労力がかかる作業です。一般的な相続の場合、遺されたご家族はまず図表4のような情報を集める必要があります。

図表4　遺された家族がまず集めるべき情報

故人に関する情報	死亡診断書または死体検案書	故人が死亡したことを証明する
	戸籍謄本	故人の出生から死亡までの連続した戸籍が必要。これにより相続人を確定する
	住民票の除票	故人の最終住所を確認する
相続人に関する情報	相続人全員の戸籍謄本	相続人の関係を証明する
	相続人全員の住民票	相続人の現住所を確認する
財産に関する情報	不動産登記簿謄本	故人が所有していた不動産を確認し評価する
	預貯金の通帳や取引明細書	故人の銀行口座の残高や取引履歴を確認する
	証券取引報告書	故人が保有していた株式や債券を評価する
	保険証券	故人が契約していた生命保険の内容を確認する
	負債の明細書	故人が抱えていた借入金やローンの残高を確認する
遺言に関する情報	遺言書	故人が遺言を遺していた場合、その内容を確認するために必要。公正証書遺言や自筆証書遺言など、形式に応じて手続きが異なる
その他の情報	故人の所得税の確定申告書	故人の収入状況を把握する
	固定資産税の納税通知書	故人が所有していた不動産の税額を確認する
	年金関係の書類	故人が受給していた年金の停止手続きや遺族年金の申請に必要
	車両の所有権証明書	故人が所有していた自動車やバイクの名義変更をする

富裕層の場合、追加でチェックが必要な情報

事業に関する情報	法人登記簿謄本	故人が所有していた企業の登記情報を確認する
	会社の財務諸表	企業の財務状況を把握する
	株主名簿	故人が保有していた株式の状況を確認する
海外資産に関する情報	海外銀行口座の明細書	海外銀行口座の残高や取引履歴を確認する
	海外不動産の登記簿謄本	海外に保有していた不動産の確認と評価をする
	国外所得申告書	海外での所得や資産に関する内容を確認する
高額な動産に関する情報	芸術品や骨董品の評価書	高額な芸術品や骨董品の評価額を確認する
	貴金属や宝石の鑑定書	高価な貴金属や宝石の評価額を確認する
投資に関する情報	ヘッジファンドやプライベートエクイティの契約書	故人が投資していたヘッジファンドやプライベートエクイティの契約内容を確認する
	不動産投資信託(REIT)証書	不動産投資信託の内容を確認する
債権・債務に関する情報	貸付金や借入金の契約書	故人の貸付金や借入金の詳細を確認する
	未収金の明細	未収金の詳細を確認する
信託に関する情報	信託契約書	故人が信託を設定していた場合、その契約内容や信託財産の詳細を確認する

これらの膨大な情報を収集するには専門家の力を借りることもできますが、故人にどのような資産があったのかという基本的な情報の収集は遺族が主体となって行う必要があります。そのため、故人が何も準備していなかった場合には、どうしても遺族が故人の遺品を調べることで情報を集めざるを得ないのです。

デジタル社会である現代では、まず真っ先に故人のパソコンや携帯電話にアクセスしようとするでしょう。サービス提供者や専門業者に依頼してパスワードを解除してもらい、あらゆるデータを閲覧して資産の情報につながる手掛かりを探し出すのです。その過程では、必然的に故人の連絡履歴やSNS情報も閲覧することになってしまうため、遺族は故人のプライバシーにも触れてしまうことになります。故人が知られたくなかった交友関係や金銭の使い道などが露見することがあり、死を悼むご家族の気持ちに水をさされたり、遺されたご家族の関係に影響してしまうこともしばしばです。

こうした「余計」なトラブルは、故人が適切に相続の準備をしておけばある程度はコントロールすることができます。ご自身の大切なプライベートを死後に探られたくない場合はより慎重に相続の準備を進めておき、万一の場合を見据えてデジタルデバイスのデータの取り扱いについても何らかの対処を考えておくべきでしょう。

遺されたご家族に税務調査の負担をかけたくない

遺されたご家族のために相続の準備をするべきなのは、不十分な相続税の申告を防ぎ、税務調査が行われる可能性を低くするためでもあります。富裕層の相続では税務調査が行われる確率は一般よりもはるかに高い傾向にあって、これは国税庁が公表しているデータからも明らかです。

税務当局のリソースも限られているため、効率的に税務調査を行おうと考えています。つまり、税務調査の対象を選ぶ際に、同じ労力でより多額の追加税収が期待できる案件を優先します。富裕層の相続額は高額であるため、税務当局にとって調査の優先度が高くなるのは必然なのです。

税務調査というのはとてもストレスフルなイベントです。国税調査官からは時に意地悪なほど穿った質問を投げかけられ、財産の評価や取引の内容について詳しく説明することを求められます。これは、遺されたご家族にとって大変な負担となるでしょう。

また、税務調査の対応は相続税の申告と比較してより大きな負担となります。調査にあたって求められる書類や記録をそろえて国税調査官との面談に対応するためには、多大な時間と労力を要求されます。

加えて、調査内容についても遺族が精神的に負担に感じてしまうものが少なくありません。税務調査の過程で故人の財務情報は丸裸にされていきます。国税調査官は故人の口座情報等を詳細にチェックして、日常的な支出パターンとの乖離や特定の取引について詳しく調べていきます。その過程では故人のプライベートなメールや通信記録まで確認されることもあります。結果、遺族に知られたくなかったであろう故人のライフスタイルが暴かれてしまうこともあるのです。

ご家族を亡くし、苦労して相続税の申告を終えたばかりのご遺族が、執拗にプライベートを詮索されるような税務調査を受けることはでき得る限り避けたい事態です。そのためには、そもそも税務調査の疑義が生じないように、あるいはいざ税務調査においても遺族に多大な負担が発生しないよう生前から保有する資産状況を整理し、正確な情報を遺族に遺す準備をしておかなければならないのです。

相続を考え始めるには早ければ早いほど良い

遺言の内容をはじめ相続について考え始める適切な時期は、結論からいえば「今すぐ」が正解です。年齢や健康状態によって程度の差はあるものの、純金融資産が1億円を超えるような富裕層の場合は、その資産を築いた時点で何かしらの準備をすべきです。

現代においては大多数の方が老年を迎えるまで生きられると思われていますが、心臓発作、脳卒中などの急性疾患や交通事故や自然災害などで残念ながら若くして命を落とす場合もあります。そういった突然の死はご家族に大きな悲しみをもたらしますが、ここで資産について適切な共有が行われていなければ、遺族は悲しむ間もなく生活を立て直すために奔走しなければならなくなります。

この点から考えれば、成人していない子どもを養育しており、配偶者に生活を維持するだけの十分な収入がないような若年富裕層こそ、万が一の場合に備えて何かしらの相続の準備をしておくことが必要かもしれません。子どもが幼ければ幼いほど、相続が原因で生活環境が変わることには大変な苦労が伴います。一定の資産を築くことに成功したら、まずはその時点で資産構成の棚卸しを行い、万が一にも若くして相続が発生した場合には、ご家族が住み慣れた自宅を手放す必要もなく、十分な生活費が確保できるような資産設計をしておくことが必要なのです。

認知症になってしまうと打つ手なし

早期に相続税対策をすべきもう一つの理由として、被相続人が認知症になってしまった場合には、その時点からあらゆる契約行為を行うことが難しくなり、相続税対策が実質的に不可能になってしまうという点も挙げられます。以前は認知症患者に代わり、その子や孫が実質的に主導して契約を行うという場面もありましたが、近年は社会全体のコンプライアンス強化が図られた結果、そういった抜け道については非常に厳しくなっています。

認知症患者の契約行為については、患者の判断能力の程度によって判断されることが原則です。これまでも判例などによって重度の認知症患者が行った契約は無効とされてきましたが、2020年の民法改正によって、意思能力のない状態で行った契約はそもそも無効であることが明記されました。

もちろん、すべての認知症患者が契約を行えないわけではありません。認知症の程度が軽く、判断能力があるとされた場合には契約行為を行うこともできるのが原則ですが、後になって契約が無効となるリスクを払拭できないため、認知症になった時点で契約に応じてくれる相手方はいなくなり、相続対策は事実上封印されます。

また、遺言についても、認知症を発症してしまっては作成することが難しくなります。軽度の認知症であれば「遺言をする能力がある」とみなされることもありますが、医師の診断書や意見書があったとしても、遺言能力の有無に疑義がある場合は、遺言の内容や作成の経緯、動機や病状などを基に裁判所が個別具体的に判断することになります。

多くの場合、認知症の症状は死に直結するような疾病よりも早く現れます。親世代が「まだ元気だから」と相続の準備を先延ばしにしていたら、いつの間にか認知症の症状が現れていた、というのはよくある話です。「まだ元気だから」ではなく、まだ元気だからこそ、今のうちに相続対策に取りかからねばならないのです。

専門家と渡り合うだけの気力が必要

効果的に相続対策を行うためには、専門家に丸投げにして終わりではなく、ファミリーで相続対策のキーパーソンとなるべき方が相続の制度を正しく理解し、さまざまな専門家とディスカッションしたうえで方針を決定する必要があります。

世の中には「相続対策」と銘打った商品はあまりにも多く氾濫し、高齢化社会において一大ビジネスマーケットを形成しています。玉石混淆の相続向け商品の中から、ご自身やご家族に適したものを選び取るには正しい知識が欠かせません。このため、相続に備えるためには積極的に情報を吸収して合理的に思考することができる知的体力がそもそも求められます。

現在の日本人の平均寿命は男性が81・09歳、女性が87・14歳となっており、死亡時の相続人の年齢が60歳前後であることも珍しくありません。被相続人であれば70代になって、相続人であれば60歳前後になってから、新しい制度や改正された情報を集め、複雑な資産運用のテクニックについて理解し、若手の専門家と渡り合うには大変な苦労が伴うことが予想されます。すべての行程を完遂するためには充実した気力・体力が必要となるため、できる限り若いうちに取り組む方が良いでしょう。

富裕層の相続は極めて難解である

相続に取り組む際に気力・体力が必要となる背景として、富裕層は事業会社を経営されている場合も多く、より複雑な事業の承継と併せて個人としての相続設計を考えなければならないことも理由の一つです。

加えて、富裕層の保有する資産は一般と比べて実に多彩な傾向にあります。富裕層は不動産や株式、債券、貴金属・宝石、美術品・骨董品、暗号資産などさまざまな資産を持ち運用することができます。また、それらの資産が属する国籍も多様であり、海外の金融商品や不動産を保有していることも珍しくありません。

相続対策を考える際には、これら複雑な資産を棚卸しする必要があると同時に、数ある選択肢の中からご家族に適した資産を選び、必要に応じて組み替えなければなりません。サービス・商品の提供者や専門家から手厚いサポートを受けられるとしても、最終的な意思決定の判断はご自身とご家族が負わなければならないのです。

とある私の知人は、父親が亡くなった際に東南アジアにある某国の銀行口座を保有していることが判明したため、現地まで足を運んで解約手続きを行う必要に迫られました。口座名義本人ではない人物が国外から照会しても、口座残高など詳細情報の開示を受けられなかったため、現地に赴いて手続きをせざるを得なかったそうです。

ところが、いざ現地で口座残高を確認してみると、日本円にしてわずか十数万円程度しか残されていなかったことが判明しました。渡航費用の方が高くついてしまい、「これなら無理をして来ることはなかったな」と窓口で思わず苦笑いしたそうです。このケースでは日本から手続きできなかった海外口座が1つだけだったので笑い話で済みましたが、こうした資産が世界各地に散らばっていた場合は、ご遺族は大変な苦労をして資産を把握する必要に迫られるのです。

相続は絶好のビジネスの場と化している

生前もしくは認知症が発症する前に相続に取り組むことができなかった場合、遺された資産は課税によって無慈悲に切り取られてしまうことはもちろんですが、さまざまな「自称・故人の知人友人」によっても食い荒らされるリスクがあります。

富裕層の葬儀の場には、「故人には大変お世話になりました」と訃報を聞きつけた有象無象がその資産を狙って集まってきます。代表的な詐欺のパターンは「故人にお金を貸していた」と偽って金銭を騙し取ろうとするものですが、「故人と共同でビジネスをしていた」「故人から資産の管理を任されていた」などと偽り、遺された資産の管理を合法的に請け負おうとするケースも多いです。

特に不動産を保有する富裕層の場合は、近隣の不動産会社が積極的に買い取りを持ちかけてくることでしょう。相続直後には納税資金を確保するために不動産の現金化を急ぐ遺族も多く、また相続人たちも引き継いだ不動産に興味がないという場合が多いため、業者にとって有利な条件で買い取りを行えるチャンスだからです。

遺族は死後の手続きや葬儀の準備などで多忙を極めており、問い合わせの内容を一つひとつ精査したり、生前の故人との関係性の真偽を確かめたりする余裕がありません。この遺族の弱みに付け込んで、思いどおりに遺族を動かそうとする火事場泥棒のような輩は存在するのです。

こうした事態を避けるためには、故人が健在なうちに資産を適切に整理し、金銭の貸借の有無等も情報を整理しておくとともに、資産を今後どのように運用していくべきかまでご家族で話し合っておくことが非常に有効です。話しづらい話題であることは承知のうえですが、こうした火事場泥棒のような輩にファミリーの資産や絆を食い荒らされてしまうという災難を回避できると思えば、そういった気まずさを乗り越えてでも必要な話し合いはしておくべきです。

ポイントは「分かりやすさ」と「誰も損をしないこと」

資産を築いた親からであればともかく、資産を引き継ぐ側の配偶者や子の立場から相続の話題を持ちかけるのは気まずいものです。相続の話題はどうしても親の死が前提となるため、気分を害してしまうのではと及び腰になってしまうものです。

また、富裕層であるからこそご家族間で財産の話題を出すのはためらわれるという意見も多いです。親の財産を早く受け継ぎたいと期待しているのだと勘違いされたり、兄弟姉妹のうちで自分にだけ有利な条件を引き出そうとしていると疑われたりするのでは、と懸念する声も多く聞かれます。

こうした問題に対処する方法としては、ご自身が相続の制度についてよく理解し、ファミリー全体が利益を得られる方法を導き出したうえで、その方法を根気強く説明するしかありません。日常会話の中で少しずつ説得するという方法もありますが、これはかえって兄弟姉妹から「勝手に話を進めた」と疑心暗鬼を生む結果にもなりかねません。私の知人には、要点をまとめた資料を作成して、ご家族が集まる場でプレゼンテーションをされたという方もいらっしゃいました。

もちろん、それぞれの家庭の事情によって理想的な話の進め方は異なるため、必ずしもプレゼンテーションが必要なわけではありませんが、相手からの理解と納得を得て計画を進めるプロセスであるということでは、ビジネスの考え方と基本的に変わりません。相続のキーパーソンとなる方が、ファミリーにとってなぜ相続対策が必要なのか、その結果として各々がどのような利益を得られるのか、あるいはどのような不利益を回避できるのかを皆に説明し、合意を得る必要があるのです。やりすぎると逆効果ではないかと不安に思われる方もいますが、これまでの経験上、話の内容が明快で分かりやすく誰も損をしない八方良しの結論であれば、そこまで揉めることは少ない傾向のようです。

確かに手間のかかる作業ではありますが、資料を作成する過程でご自身の相続への理解も一段と進むという副次的な効果も期待できます。また、ファミリーにとってオリジナルの資料があればご家族も相続の知識にアクセスしやすくなり、土台となる知識が形成されることでその後の話し合いもスムーズになります。

このとき、ご家族に訴えるべきポイントとしては「負担の回避」を強調することが効果的です。財産を多く遺す方向に焦点を当てすぎると、「遺産を当てにしているのでは」と疑われることにつながります。このため、特に対策を始める初期の段階においては、相続の準備をしないことで想定されるご家族の負担とその解消方法に説明の重きをおくべきでしょう。

実際に、多くの富裕層が相続を経験して最も苦労したと感じるのは、発生した多額の相続税そのものではなく、その前段階で発生する膨大な雑務や遺産分割のためのご家族間での調整作業だそうです。この負担を回避し、ご家族が安心・円満に資産を受け継ぐことこそが相続を準備する最大の目的であるということを、ご家族全員にしっかりと伝えることが肝要なのです。

20年後の日本の状況を念頭に話し合いを

相続対策を考え始める際に注意すべきポイントは、現行の制度の細かい部分に捉われすぎず、まずは大きな枠組みで考えることです。これまでの説明を読んで相続の準備を始めようと決意されたということは、資産を保有している方はまだ壮健な状態であると考えられます。このため、実際の相続は20年、あるいは30年以上も先になることも見込んで準備をしなければならないでしょう。

ここで現行の制度の間隙をついたような相続商品に頼ってしまうと、いざ相続が発生したタイミングでは制度が変更されてしまっており、その仕組みが否定されている恐れもあります。これまでも時代ごとに抜け道的な節税スキームは多数生み出されてきましたが、いずれも目立ったものは税制改正によって実効力を失ってしまったか、当初よりもだいぶ限定的な効果に改悪されてしまったという歴史があります。このため、相続税という制度の基本に則り、数十年を経過しても本質的な考え方は変わらないであろうと考えられる王道の方法を前提とすべきなのです。

日本の相続税は今後ますます負担が重くなっていくことが予想されます。近年の税制改正大綱（翌年度以降の税制改正についての具体的な内容をまとめた文書。税制調査委員会が中心となり、各省庁や業界団体からの要望も聞き取ったうえでまとめられる）では、相続税に関しては基礎控除のさらなる縮小や最高税率の引き上げ、各種特例の見直し、不動産や未上場株式などの財産評価方法の見直し、相続税の税務調査強化などが謳われてきました。今後もこの方針は引き続き承継され、富裕層からの相続税徴収はより一層強化されることでしょう。

このため、相続対策を考える場合には、将来において実際に相続を迎えるまでの変化、パフォーマンスの悪化をマージンとして一定程度は織り込んだうえで計画を立てておく必要があります。将来的には財産を正確に把握する義務がより強化されるであろうこと、国民の課税負担がより重くなるであろうこと、極端な相続税対策や相続商品は将来的に使えなくなっているであろうことを念頭におき、ご家族のために最も負担が軽く安心して備えることができるプランは何かをよく見極める必要があるのです。

第 2 章

家族全員で取り組む

富裕層ファミリーの相続に「不動産」が最適な理由

富裕層でも相続の基本は同じ

ご家族が亡くなった場合に行わなければならない手続きは、富裕層であっても基本的な流れは変わりません。死亡届を提出し、火葬許可証を取得し、葬儀や埋葬の手配を行い、葬儀が終われば故人の住民票や戸籍の除票、社会保険や年金の手続き、公共料金の解約や名義変更、銀行口座の凍結などの公的手続きを粛々と行う必要があります。死は誰にでも平等にやってきますが、死後の手続きも同じく平等に行わねばなりません。

また、故人はほぼ必ず何かしらの資産や負債を抱えているため、これらを遺族間でどう分配するかを話し合い、納税などの手続きを行う必要があるということも変わりません。相続対策を考える場合も、この誰にとっても変わらない前提の上に成り立つため、等しくこの基本を理解する必要があります。曖昧な知識のままで大事な内容を話し合うことはできません。以下のような段階を踏む必要があることを押さえておきましょう。

① 法定相続人の確定

「法定相続人」は、法律で定められた遺産を相続できる権利を持つ人です。相続手続きを進めるためには、戸籍謄本を取り寄せ、故人の出生から死亡までの戸籍を確認し、この法定相続人を確定する必要があります。戸籍謄本を取り寄せるのは、ご家族も知らない法定相続人が存在しないかを確認するためです。また、法定相続人はあくまで「法定」の相続人であり、それ以外の人に財産を遺すことができないわけではありません。法的に有効な遺言がある場合には、法定相続人以外にも財産を遺すことができます。

② 遺言書の確認

故人が遺言書を遺しているかどうかを確認します。遺言書が公正証書として作成されている場合は、原本が公証役場に原則20年間保管され（正本と謄本は遺言者に交付）、秘密証書や自筆証書の場合は自宅などに保管します。近年では自筆証書遺言を法務局に預けておくことができる制度も始まりました。また、自筆証書遺言では家庭裁判所で「検認」という手続きを経る必要があります。

せっかく遺言書を遺したものの、ご家族に保管場所を伝えておらず、遺言書が見つからないというケースも非常に多いです。遺言書を書いた場合は、必ずどこに保管しているかをご家族に伝えておきましょう。

③ 財産の洗い出し

故人が保有していた不動産、預金、株式、保険、負債などをリストアップし、財産の全体像を把握します。あるかないか分からない財産を探すことは非常に手間がかかるため、可能ならば故人が健在なうちに概要だけでも聞いておき、銀行口座、証券口座、不動産の権利書を保管している場所などを把握しておくと作業が楽になるでしょう。

④ 相続放棄

財産の全容を大まかに把握できた段階で、もし相続をしたくない場合は相続放棄の手続きを行います。相続放棄ができる期間は短く、故人の死亡を知った日から原則3カ月以内に行う必要があります。この期間を過ぎると相続を自動的に受け入れたものとみなされます。このため、相続放棄をしたい場合は遺産を分けるための協議に先駆けて表明し、手続きを進める必要があります。

⑤ 限定承認

財産の洗い出しをしても情報が散逸しており、資産と負債のどちらが多いか分からない場合は限定承認という手続きを検討することができます。限定承認とは、相続人が被相続人から受け継ぐ財産の範囲内でのみ被相続人の債務を弁済すればよいとする手続きです。

この手続きを選択することで、相続した資産を超える負債を弁済する必要がなくなります。ただし、限定承認は相続人全員が共同で行わなければならず、一人でも反対する場合にはすることができません。手続きを行うためには、相続放棄の場合と同じく、相続開始を知った日から原則として3カ月以内に家庭裁判所に申し出る必要があります。この期間内に手続きを行わない場合は、無条件に相続を行う単純承認とみなされます。

相続を放棄する場合と比較して、差し引きの結果で残った財産を相続できることが限定承認のメリットです。一方で、不動産や株式等の財産があるときはみなし譲渡による課税が発生する場合があること、手続きが煩雑で完了までに時間がかかる場合があることなどのデメリットもあるため、慎重な検討が必要です。

⑥ 準確定申告

故人が亡くなった年の1月1日から死亡日までの間に得た所得について行う確定申告のことです。通常、確定申告は納税者自身が行いますが、この場合は故人の代わりに相続人が申告を行う必要があります。

準確定申告が必要となるケースは、故人が個人事業主であった場合や、年金や給与所得、株式の売却益、不動産収入など、一定以上の所得があった場合です。この申告を行うことで、故人の所得に対する税金を確定し、必要な場合は納税を行います。

準確定申告の期限は、故人が亡くなったことを知った日の翌日から原則4カ月以内となります。この期限内に、相続人は準確定申告書を税務署に提出しなければなりません。申告が遅れると、延滞税や無申告加算税が課されることがあります。

⑦ 遺産分割協議

相続人全員で遺産分割協議を行い、遺産の分割方法を決めていきます。協議がまとまれば「遺産分割協議書」を作成し、全員が署名と押印を行います。

この遺産分割協議を成立させるには必ず相続人全員の合意が必要で、一人でも納得しなければ進めることはできません。そのため、できる限り円満に協議を進めるよう心がけておく必要があります。また、協議の場での合意内容が「言った、言わない」の争いになることも多いため、できる限り協議内容のメモや録音を残しておくべきでしょう。

⑧相続登記

故人が所有していた不動産の名義を相続人に変更するための手続きです。不動産の所有権が故人から相続人に移ったことを法的に証明するためには登記を変更する必要があります。この手続きを行うことで、相続人が正式な所有者として認められ、不動産の売買や担保設定が可能になります。

2024年4月から相続登記は義務化されており、相続で不動産の取得を知った日から3年以内に申請を行わない場合はペナルティが定められました。申請を怠ると、過料が科される可能性があります。これまでは相続登記を行わないまま不動産を受け継いでいる方も多かったですが、登記をしていない場合は、不動産の売却や名義変更に支障をきたします。将来的に相続人の間でトラブルが生じる可能性もあるため、早めに手続きを行う必要があります。

⑨相続税の納付

相続税は、相続の開始を知った日（通常は故人の死亡した日）の翌日から10カ月以内に納付しなければいけません。この期間内に相続財産の評価や分割、必要書類の準備を終えて税務署に申告書を提出し、相続税を納付します。「3000万円＋（600万円×法定相続人の数）」の基礎控除額を超えた額に対して相続税が発生し、税率は相続財産の評価額で変わります。

相続の開始を知った日の翌日から10カ月以内に遺産分割協議がまとまらなかったり、遺産の全体像を把握するのが間に合わなかったりする場合もあります。この場合でも、期限までに相続税の申告を怠ったり、相続税を納付しなかったりすると、延滞税や無申告加算税が課されるため何もせずに放置してはいけません。いったん法定相続に基づく税額で申告と納税を行い、遺産分割協議が正式に決定した後に修正申告を行うなどの方法をとる必要があります。

法定相続人と遺産の分割方法

法定相続人、すなわち財産を相続できる権利を持つ人の優先順位、相続の順番や割合は民法において定められています。

配偶者は常に法定相続人となり、他の法定相続人とともに相続をします。配偶者がいる場合、次に相続対象となるのは子ども、その次に直系尊属（親や祖父母、孫）、最後に兄弟姉妹です。この順序に従い、優先順位が高い人が存在する場合には、それより優先順位が低い人には法定相続権はありません。これを法定相続人の範囲といい、故人との親族関係によって以下のように定められています。

①配偶者と子どもが相続する場合

配偶者の相続分は2分の1、残り2分の1を子どもたちが均等に分けます。例えば、子どもが2人いれば、それぞれが4分の1ずつを相続します。

②配偶者と直系尊属（親）が相続する場合

配偶者の相続分は3分の2、存命中の親が3分の1を均等に分けます。両親とも亡くなっていて祖父母が存命の場合、祖父母が対象となります。

③配偶者と兄弟姉妹が相続する場合

配偶者の相続分は4分の3、兄弟姉妹たちが4分の1を均等に分けます。

④子どもや兄弟姉妹がすでに亡くなっている場合

その子ども（つまり被相続人から見て孫やおい・めい）が代わりに相続することになります。これを「代襲相続」といいます。代襲相続では、亡くなった本来の法定相続人と同じ割合を代襲者が相続します。

ただし、これらはあくまで法律で定められた遺産を請求する権利であるため、必ずしもこのとおりに遺産を分ける必要はありません。相続人全員で話し合って合意することができれば、定められた割合に縛られず遺産を分け合うことも可能です。

遺言による分割と遺留分、寄与分、特別受益

遺言がある場合は、遺言に基づいて遺産分割が行われることが原則です。しかし、遺言によっても侵すことができない「遺留分」という最低限の法定相続人の権利があることには注意しなければなりません。これは配偶者、直系卑属（子どもや孫）、直系尊属（親や祖父母）に保障されています。遺留分は通常の法定相続分の半分とされています。例えば、配偶者と子ども2人が相続人の場合には、配偶者は4分の1、子どもはそれぞれ8分の1が遺留分として保障されます。

小説などの世界では、多額の資産を築いた親が子どもたちの相続争いを避けるために遺産の全額を寄付するというエピソードがしばしば登場しますが、実際には親族は遺留分を主張することができるため、残念ながらこの方法では相続争いを回避することはできません。遺留分を侵害された場合は、遺贈や贈与によって遺産を受け取った人に対して、侵害額に相当する金銭の支払いを請求することができます。

また、法定相続分よりも遺産を多く請求できる制度もあります。故人の財産形成や維持に特別な貢献をした人に対して、その貢献度に応じて相続分を増やすことができる権利を「寄与分」といいます。

寄与分が認められる代表的なケースは、個人の事業を手伝い収益を上げていた場合や、故人の財産の維持に貢献した場合、故人の介護や生活の援助を長期間にわたって行っていた場合などです。この寄与分の額は他の相続人との話し合いや家庭裁判所の調停で決まります。可能であれば相続人の間で合意が得られることが望ましいですが、得られない場合は家庭裁判所が審判で寄与分を決定します。寄与分が認められた場合、その額は遺産全体から控除された後、残りの財産が法定相続分に基づいて分割されます。

ただし、この寄与分が認められることは簡単ではありません。遺産分割協議の際に他の相続人が故人への貢献を正当に評価してくれる場合はスムーズですが、評価してもらえず家庭裁判所の審判を受ける場合には寄与分を立証するための証拠を自分で用意しなければならないからです。

一方、故人が相続人の一部に対して生前に財産の贈与や経済的援助を行っていた場合、その受益分を考慮して相続分が調整される場合があります。

結婚や住宅購入にまつわる出費、生活費や学費などで特定の相続人だけが生前に多額の援助をしてもらっていた場合、他の相続人はこれを不公平だと感じている場合があり得ます。この不公平を是正するために、その額を相続財産に加算し、そのうえで相続人全員の相続分を計算する「特別受益」の考慮という仕組みがあります。

特別受益を相続財産に加算して「みなし相続財産」を算出し、それを基に各相続人の相続分を計算します。その後、特別受益を受けた相続人の相続分から受益分を差し引き、最終的な相続分を決めます。

例えば、被相続人の遺産が1000万円あり、相続人が子のAさんとBさんの2人で、Aさんが生前に500万円の特別受益を受けていた場合、みなし相続財産は特別受益を加えて1500万円となります。それを基に各相続人の相続分を計算し、Aさんは特別受益の500万円分を差し引いた残りの250万円を、Bさんは750万円を相続することになります。

図表5　相続割合と遺留分

分割割合と遺留分

法定相続人	法定相続分	遺留分（最低限の取り分）
妻＋子	子 1/2　妻 1/2	妻1/4　子1/4
妻＋父母	父母 1/3　妻 2/3	妻2/6　父母1/6
妻＋兄弟姉妹	兄弟姉妹 1/4　妻 3/4	妻 1/2
妻	妻 全部	妻 1/2
子	子 全部	子 1/2
父母	父母 全部	父母1/3
兄弟姉妹	兄弟姉妹 全部	なし

夫が死亡したときの法定相続人の範囲と優先順位

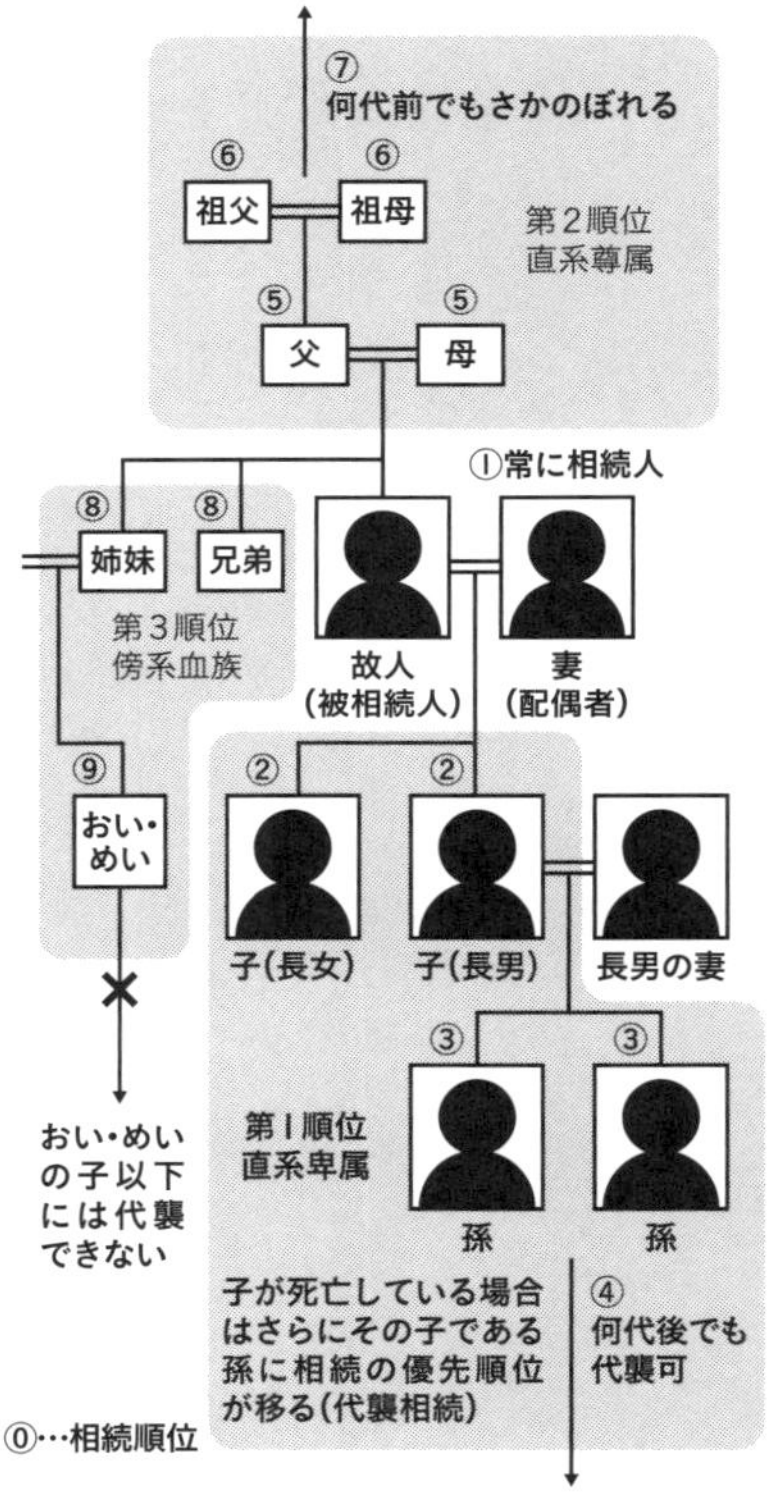

遺産分割割合に関するルール

- 遺言書がない場合に遺産分割のベースとなる法定相続分による分割割合（代表的な法定相続人の組み合わせ）。
- 子や父母、兄弟、姉妹が複数いる場合はその人数で均等に割って計算する。
  例:妻と子2人の場合（上図の左列最上段参照）、妻は1/2、子は1/4ずつの計1/2
- 遺言書がある場合でも、内容にかかわらず「第1順位」「第2順位」の相続人には最低限の取り分（遺留分、上図の右列参照）が保障されている。

週刊ダイヤモンド　2024/07/13・20合併号を基に作成

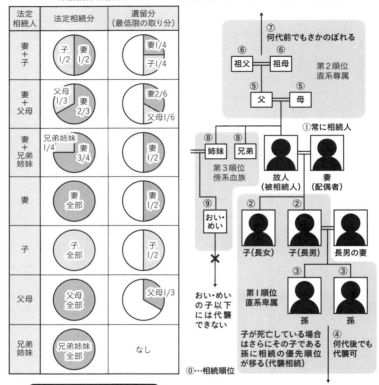

相続財産の基本的な計算方法

故人の遺産は、現金のように価値が明確なものばかりとは限りません。不動産や宝石、貴金属など適切な評価が必要になる財産もあります。加えて、故人に負債がある場合にはこれも併せて引き継がなければなりません。

相続財産の合計額を計算するには、まず被相続人の財産をすべてリストアップします。この財産には、不動産、現預金、株式、車、貴金属、生命保険、暗号資産など資産性のあるものがすべて含まれます。また、被相続人が負っていた借金やローンなどの債務を控除する必要があります。外貨預金や外貨建て資産については、相続発生日の為替レートで日本円に換算します。

リストアップが完了したら総財産額を計算します。相続されることが多い代表的な財産は、以下のように相続時を算出するにあたっての評価方法が決められています。

・不動産

土地は国税庁が公表する「路線価」に基づいて、家屋や建物については、市町村が固定資産税のために評価した「固定資産税評価額」を基準として評価します。路線価や固定資産税評価額と実勢価格に大幅な乖離がある場合、実際の取引価格や市場価値に基づく時価で評価を修正することもあります。

・株式

上場株式は相続開始日の終値相場やその前後の平均値などを基に評価します。非上場株式は評価が難しいため、会社の財務状況や事業規模が反映された「類似業種比準方式」や「純資産方式」などを用いて評価します。詳しくは会計士や税理士にご相談ください。

・車

「時価」を基に評価します。中古車市場の買取相場や査定価格を基準に算出されることが多いです。

・宝石・貴金属・アート

基本的には専門業者による査定を行って評価します。

・生命保険

受け取った生命保険金の額がそのまま評価額となりますが、受取人が相続人の場合は、法定相続人1人につき500万円の非課税枠が設けられています。また、生命保険の契約自体を相続する場合は、相続開始日の解約返戻金相当額で評価します。

・退職金や弔慰金

相続開始後に支給される退職金や弔慰金は、その受取額が評価額となります。生命保険金と同様、法定相続人1人につき500万円の非課税枠が設けられています。

これらすべてのプラスの財産（資産）からマイナスの財産（負債）を差し引いた総額が総財産額となります。

相続税の計算方法

故人の総財産額が判明すると、ようやく相続税額が計算できます。まず、相続財産の総額から基礎控除額である「3000万円＋（600万円×法定相続人の数）」を差し引く必要があります。ここで差し引いた額が0円以下であれば相続税は課税されません。

差し引いた額がプラスで残った場合は、これが「課税遺産総額」となります。この課税遺産総額を法定相続どおりに分割したとする設定で相続税を計算します。相続税は相続財産額に応じた累進課税制度となっており、各法定相続人の相続財産額に応じて10～55％の税率が課されます。ここからそれぞれの控除額を差し引いて導き出された税額を合算した額が、納めるべき相続税の総額となります。

この導き出された相続税の総額に、遺産分割協議で定められた実際の各相続人の相続割合を掛け合わせた額が、各人の納める相続税額となります。ここからさらに適用される控除がある場合、それを差し引いた額を納税することになります。

図表6　暦年贈与

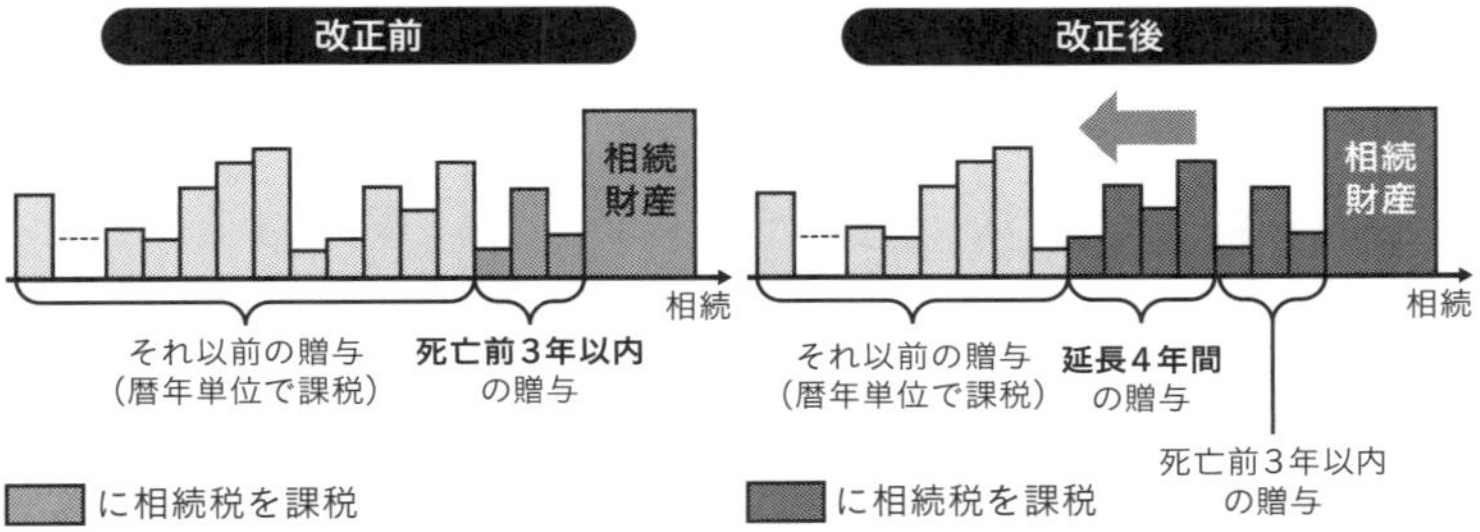

○暦年ごとに贈与額に対し累進税率を適用。基礎控除 110 万円。

○ただし、相続時には、死亡前 3 年以内の贈与額を相続財産に加算して相続税を課税（納付済みの贈与税は税額控除）。

・加算期間を7年間に延長

・延長4年間に受けた贈与については総額100万円まで相続財産に加算しない

出典：財務省ホームページ　パンフレット「令和５年度税制改正」

控除額について、配偶者は法定相続分もしくは1億6000万円のいずれか多い金額までの税額控除があります。このため、ある程度までの資産であれば急な相続が発生したとしても配偶者への相続割合を高めることで相続税の負担を一時的に減らし、課税負担を先延ばしすることもできます。

ただし、配偶者への相続割合を高めた場合、二次相続と通算した場合の最終的な負担額は増加することに注意が必要です。二次相続とは、一次相続で相続人となった配偶者が亡くなった際に発生する二次的な相続を指します。二次相続では、法定相続人の数が減ることにより基礎控除額が減って税率も上がるため、一次相続よりも相続税が高くなる傾向にあります。遺されたご家族の負担を避けるためには、二次相続を踏まえた相続対策を行わなければならないのです。

注意が必要な贈与の取り扱い

生前から相続人に対して財産を継続して少額ずつ贈与する生前贈与は、年間110万円の非課税枠があるため、気軽にできる相続対策としてよく活用されています。ただし、その取り扱いには注意が必要です。

特定の相続人が生前に過度に財産を受け取っていた場合には、特別受益として取り扱われることもあるほか、相続開始前3年以内の贈与は相続財産に加算されて相続税の対象になってしまいます。加えて2023年度に行われた税制改正により、2024年以降の贈与については、相続開始前7年以内までの贈与が相続財産に段階的に加算されることになりました。ただし、延長した4年間に受けた贈与のうち、総額100万円までは相続財産から控除されることになっています。

また、教育資金や結婚・子育て資金の一括贈与として、特定の要件に従えば教育資金が1500万円まで、結婚・子育て資金が1000万円まで贈与税が非課税になる制度もあります。制度が利用できる期間が定められていたり、金融機関で専用口座を開設する必要があったり、被贈与人の年齢制限があるなど要件は煩雑ですが、年間110万円までの贈与と比較してまとまった額を非課税で贈与することができます。

不動産は相続対策の本命である

これまで紹介した控除枠や非課税枠は、標準的な資産を持つ方を保護・援助するために設けられた制度です。このため、数億円以上の資産を持つような富裕層に相続が発生した場合にはこれらの恩恵は限定的です。

遺されたご家族の生活や、一族で代々営む事業を維持するために相続税を少しでも抑えたいと考えるのであれば、相続財産の評価額そのものを減らすしかありません。評価額を減らす方法としてはいくつか考えられますが、最も大きく評価額の圧縮が期待できるのが不動産の活用です。

不動産は実際の資産価値よりも相続税評価額がかなり低く抑えられる傾向にあります。不動産の評価方法自体が時価よりも低く計算されやすいだけでなく、不動産を購入する際に借入をしていれば、その借入金が負債額として遺産総額から差し引かれるため、この2つの効果を併用することで評価額が大きく圧縮される構造になっているのです。

不動産の評価額が低くなる理由

相続財産としての不動産は、市場価格ではなく路線価や固定資産税評価額を基準にして計算されます。

・土地の評価方法

路線価方式：路線価×面積×補正率

倍率方式：固定資産税評価額×倍率
※倍率方式は、路線価が設定されていない地域で使用される評価方法です。

・建物の評価方法

固定資産税評価額×1・0

一般的に、路線価は市場価格の約80％、固定資産税評価額は約70％を目安に設定されており、特に都心部において市場価格との乖離は広がっています。また、土地の相続税評価額は、その利用方法や契約関係などによってさまざまな減額が認められています。このため市場価格と比較して5～6割、極端な場合では7～8割ほど評価額が低くなる場合があるのです。

さらに、不動産を購入する際に借入を活用した場合、その圧縮効果はより大きなものになります。例えば、純資産15億円の人が自己資金3億円と借入金15億円を使って不動産を購入した場合、総資産額は27億円となります。この不動産を相続評価するにあたり、仮に評価額が5割に圧縮されたとすると、不動産の評価額は9億円になります。結果として、

図表７　相続税における不動産評価額の圧縮

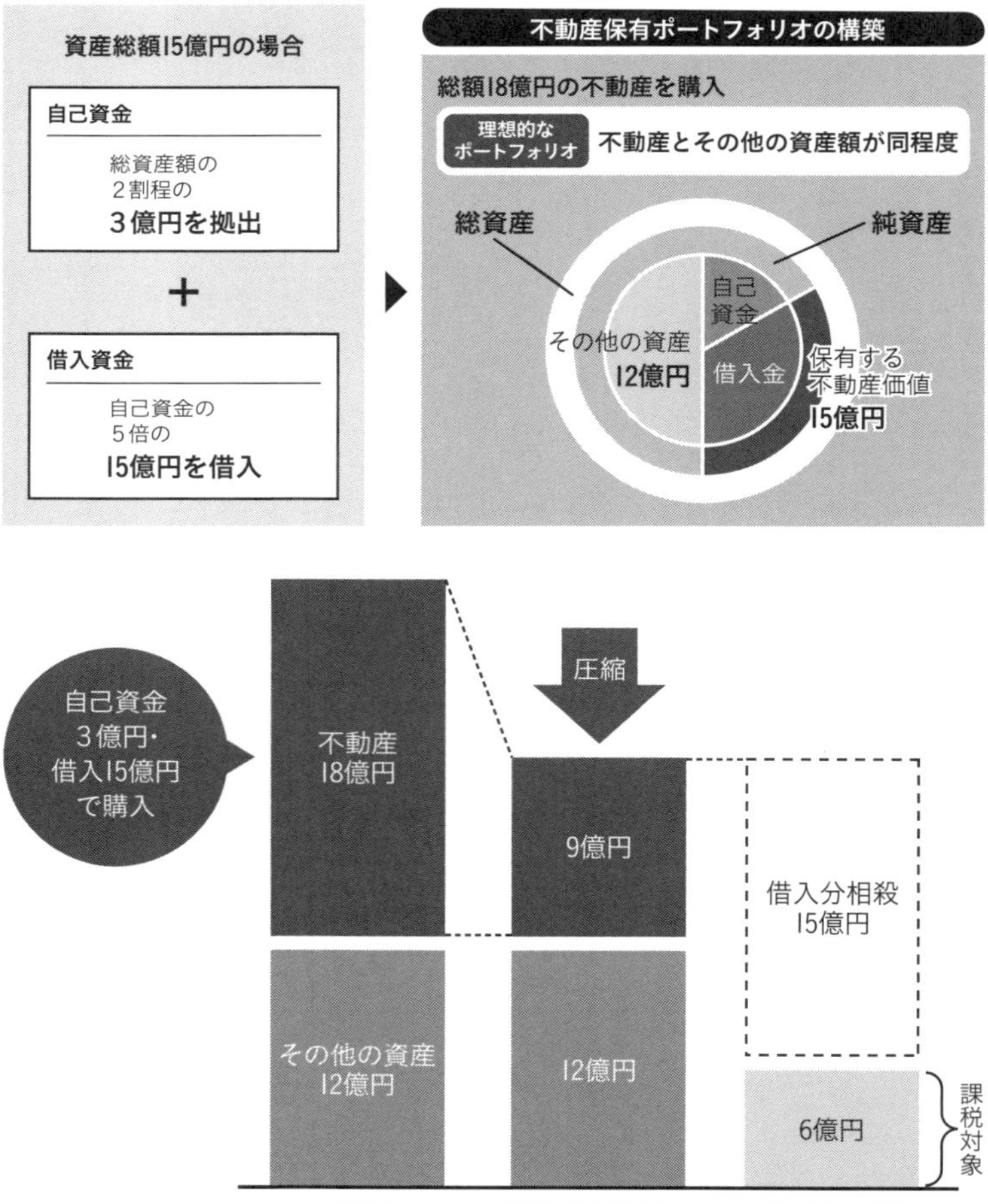

※図はイメージであり、不動産の評価の圧縮額はケースにより異なります。

総資産額は21億円になります。次に、純資産は総資産から負債である借入金を差し引いた額で計算されます。つまり、21億円から借入金の15億円を引くと、課税対象となる資産評価額は6億円となるのです。

同居家族だからこそ受けられる特例

故人と相続人が自宅として居住していたり、事業を行っていたりした不動産の場合は、さらに小規模宅地等の特例（小規模宅地等についての相続税の課税価格の計算の特例）が適用される場合があります。この基準に当てはまる場合には、土地の評価額が最大で8割も減額されます。

元来は故人の生活を守るための仕組みですが、富裕層にとっても大きな節税効果を発揮するため、積極的に活用を検討していくべきです。ただし、近年は安易な節税を防ぐために適用条件は以前と比べて厳しくなっています。

図表８　小規模宅地等の特例

自宅用の土地は80%減額できる

小規模宅地等の特例

	居住用（特定居住用宅地等）	**事業用**（特定事業用宅地等）	**貸付用**（貸付事業用宅地等）
相続する土地			
相続課税評価	**80%減**	**80%減**	**50%減**
上限面積	**330㎡**	**400㎡**	**200㎡**
適用対象者	●配偶者 ●同居する親族（申告期限まで保有・居住） ●持ち家なしの別居親族※（被相続人〈死亡した人〉に配偶者や同居親族がいない場合のみ）	●事業を引き継ぐ親族（申告期限まで所有・事業継続していること。相続開始前3年以内に新たな事業の用地に利用した場合は対象外）	●親族（申告期限まで所有・賃貸事業継続していること。相続開始前3年以内の貸付開始は原則として対象外）
特例の適用効果	適用前　**例　宅地の課税評価額5000万円**		
	適用後　**1000万円（80%減）**	**1000万円（80%減）**	**2500万円（50%減）**

※相続開始前3年以内に、その者の3親等内の親族またはその者と特別な関係のある法人が所有する国内にある家屋に居住したことがないこと。相続開始時において、居住の用に供していた家屋を過去に所有していたことがないこと

*複数の小規模宅地を持つ場合は限度額計算あり

週刊ダイヤモンド　2024/07/13・20合併号を基に作成

【小規模宅地等の特例の適用厳格化】

・家なき子特例の適用厳格化

「家なき子特例」は、被相続人の自宅に住んでいなかった相続人（つまり「家なき子」）でも一定の条件を満たす場合、相続税評価額の減額が認められる制度です。２０１８年の法改正では、この特例に関する適用条件が厳しくなりました。相続開始前3年以内に、相続人やその配偶者が自宅を所有していないこと（同居していた場合は通常の居住用宅地の特例を適用できます）、相続した宅地が被相続人の自宅であったことなどの条件を満たすと、相続税評価額が大幅に減額されます。

・貸付事業用宅地に関する適用厳格化

２０２１年は賃貸アパートや賃貸マンション、テナントビルなどの貸付事業用宅地に適用される特例の要件が見直され、貸付事業の範囲が限定されました。改正前は、相続開始時において「貸付事業」が行われている土地であれば小規模宅地等の特例が適用され、評価額を大幅に減額することができました。この「貸付事業」には賃貸アパートや賃貸マンションのほか、駐車場や貸倉庫なども含まれていました。

２０２１年の改正ではこの適用要件が厳格化され、相続開始直前の時点で「貸付事業」が継続的かつ安定的に行われていることが明確に求められるようになりました。以前は、事業としての活動実績が十分でない場合であってもこの特例を適用できるケースがありましたが、短期間だけなど形式的に貸付を行った土地に対してはこの特例が適用できなくなりました。

このように適用要件は厳格化しているものの、長期間にわたり故人と同居していたり、相続後に自宅を引き継ぐつもりで賃貸物件に住んでいたりする場合は、この小規模宅地等の特例の恩恵が受けられます。また、不動産投資でも相続以前から事業投資として適正に成り立っていれば問題なく適用を受けることができます。

所有する土地について大幅な減税を受けることができるこの制度は、計画的な相続対策を行うにあたりぜひとも活用したい制度です。自宅の土地（特定居住用宅地等）については３３０㎡まで、事業を営んでいた土地（特定事業用宅地等）については４００㎡まで、不動産投資を行っていた土地（貸付事業用宅地等）は２００㎡まで（減額率は50％）の制限はあるものの、この制度を活用することで非常に有利な相続を行うことができます。

不動産の運用は知識や経験のないご家族でもできる

不動産投資は相続税評価額の圧縮において多大な効果を発揮しますが、もう一つ大事なポイントがあります。それは、資産運用について知識がない、もしくは興味がない遺族に譲り渡しても負担にならないということです。なぜなら、不動産の基礎的な運用には特殊な知識や経験を必要としないからです。

不動産投資は、土地や建物など保有する不動産を他者に貸し出すことで賃料による収益を得る投資です。仕組みは非常にシンプルであるため、適切な管理会社に任せておけば特に何もせずとも定期的に賃料を得ることができます。このため、持ち主が労働をする必要がない「不労所得」の代表的な投資方法といわれています。

不動産投資を始めて、いわゆる大家になると大変な思いをするというイメージがあるかもしれませんが、これは富裕層の場合には当てはまりません。不動産投資によって富を築きたいと考える一般的な不動産投資の場合は、築年数が古かったり、利回りは良いものの退去が多かったりと難がある物件を購入し、リスクをとって問題を解決することで儲けを得ようとします。この場合は入居者トラブルや建物の維持管理に対応する必要がありますが、これらの問題は、購入の時点で立地が良く築年数の浅い物件を選択し、保証会社や管理会社を適切に利用することでほぼ防ぐことができます。

一般的に、立地の良い物件は人気があるため、入居者を探すための手間があまりかかりません。このため、空室が長期化しにくいので収益が安定する傾向にあります。加えて、人気の物件であれば賃料も高めに設定することができて入居者属性も良くなるため、必然的に入居者トラブルは起こりにくくなります。また、築年数の浅い物件であれば経年劣化による物件トラブルも少ないので、修繕によるイレギュラーな出費も10年ほどはあまり考えずに済みます。

このように、良い立地の築浅物件は、いわば10年単位で放置できる安定運用資産です。不動産投資は賃料収益が主たる目的のため、短期的な売買を意識する必要はありません。近年は新型コロナウイルス感染症流行による金融緩和によって不動産価格が大幅に上昇してしまったため、短期的な売買を繰り返す投機対象というイメージを持たれる向きもありますが、本来はそうした性質とは正反対の安定資産なのです。また、短期的に価格が上がりすぎたことで将来の値下がりを心配する声もありますが、インフレによる建築コストの大幅な上昇が起こった今となっては、そう簡単に大きく下落する可能性はなくなったと考えています。

また、良い不動産は生活の重荷になりません。運用は管理会社に任せておけば、後は年金のように家賃が毎月振り込まれていきます。相続人が仕事や子育て、趣味などに多忙であっても邪魔されることはありません。このような性質を持つため、安定的で問題が起こりにくいのが富裕層の不動産投資なのです。

現金を一度に相続させるよりも安心

相続対策とは関係なく、あえて財産を現金ではなく不動産に換えて継承させたいと考える富裕層の方もいらっしゃいます。というのも、現役世代の子どもたちに一度に多額の現金を継承することは、良くも悪くも子どもたちの生き方に大きな影響を与えてしまうからです。多額の財産を受け継いだがために、勤労意欲をなくしてしまったり、ギャンブルや過度の浪費に走ってしまったりする場合も少なくないため、年金のように一定かつ適度な収入を受け取れる仕組みとして不動産を利用したいと考える方も多いのです。

実際に、宝くじで大金が当たった人は不幸になる確率が高いといわれています。それを証明するように、高額な宝くじの当選金が払い戻される際には、銀行から『【その日】から読む本』という、突然の幸運に戸惑わないための心構えを記した冊子が渡されます。多額の遺産を突然相続された方はまさにこのような心理状態に近くなるため、財産の継承がご家族の運命を狂わせることもあるのです。

たとえ不動産として財産を継承したとしても、相続人が「すぐに現金が欲しい」と考えて売却してしまった場合にはその心遣いも無駄になってしまいますが、冷静な判断をすることができれば、手間がかからず堅実に家賃を得られる物件であれば継続的に保有した方が得策だと考えるはずです。このため、不動産として財産を遺そうと考えている方は生前から、不動産投資はどのような性質であるか、なぜ不動産の形で財産を相続させるのかをご家族に対して適切に伝え、その意義や想いを共有するように努めてください。遺産を不動産として譲り渡す背景をしっかりと伝えることができれば、遺されたご家族に対する不安も軽減されることでしょう。

不動産は富裕層向けの「安心」「安定」資産である

次世代に引き継ぐ財産として非常にメリットが多い不動産ですが、あくまで「投資」であるため、多額の現金を不動産に換えることや借金をして購入することには抵抗があるという方も多いかと思います。しかし、富裕層が相続や投資において不動産を利用しないことは、制度や投資環境から考えるともはや「損」ともいえる状況なのです。

不動産は現物資産です。建物は時間の経過とともに物理的に劣化するとはいえ、耐用年数を終えるまで数十年の期間を要しますし、土地の存在は不変であるため、良い立地であれば価値が消えることはまず考えられません。

加えて、特に経済成長や人口増加が続く地域では、土地や建物の価値は徐々に上昇する傾向があります。日本全国どの不動産を購入してもメリットが得られるというわけではありませんが、人口増加が続く大都市圏の一等地で不動産を保有していれば、長期的な資産価値の増加を見込むことができるでしょう。

また、昨今のインフレーション環境においても不動産は非常に高い耐性のある資産といえます。インフレ下では物価が上昇して相対的に現金の価値は目減りしますが、不動産の価値や賃料も同じく上昇する傾向があるため、実質的な資産価値や収入を維持することができます。

これらの背景に相続対策の価値を合わせると、富裕層にとって不動産投資は「やらない方が損をしている」といえる状況です。これだけのメリットがある以上、一般投資家のように利回りの高い「掘り出し物」を血眼になって探す必要はありません。そうした物件は得てして何かしらの瑕疵やトラブルを抱えており、購入後に対処せねばならないリスクを負わなければならず、富裕層が求める本来の目的を考えると本末転倒となります。富裕層の場合は、利回りが低くとも利益が安定して継続的に発生し、トラブルの心配がない物件を選べばよいのです。

日本の不動産はバブル状態ではない

一方で、近年は不動産価格が上昇しすぎたために、このタイミングで不動産を購入すると高値掴みをしてしまうのではないかと懸念する方もいます。しかし、世界的なトレンドを見ればその点はあまり心配する必要はないと考えています。

日本の都心の不動産は、現時点で一般にはとても手が出せないほど高騰したといわれていますが、世界的に見ればまだまだ割安といえる水準です。そしてこの割安感こそが海外投資家を呼び込む原因の一つとなっているのです。

図表9は2024年4月時点の主要都市のハイエンドマンションの価格比較図です。東京都港区元麻布地区（広尾・六本木エリア）のマンション価格を100とし、他の都市の高級マンション価格と比較しています。北京、上海、香港、台北、シンガポール、ニューヨーク、ロンドンと比較すると、高いといわれる東京のマンション物件価格は世界的に見てまだ割安な部類にあることが分かります。

図表9　マンション／高級住宅（ハイエンドクラス）の価格水準の比較

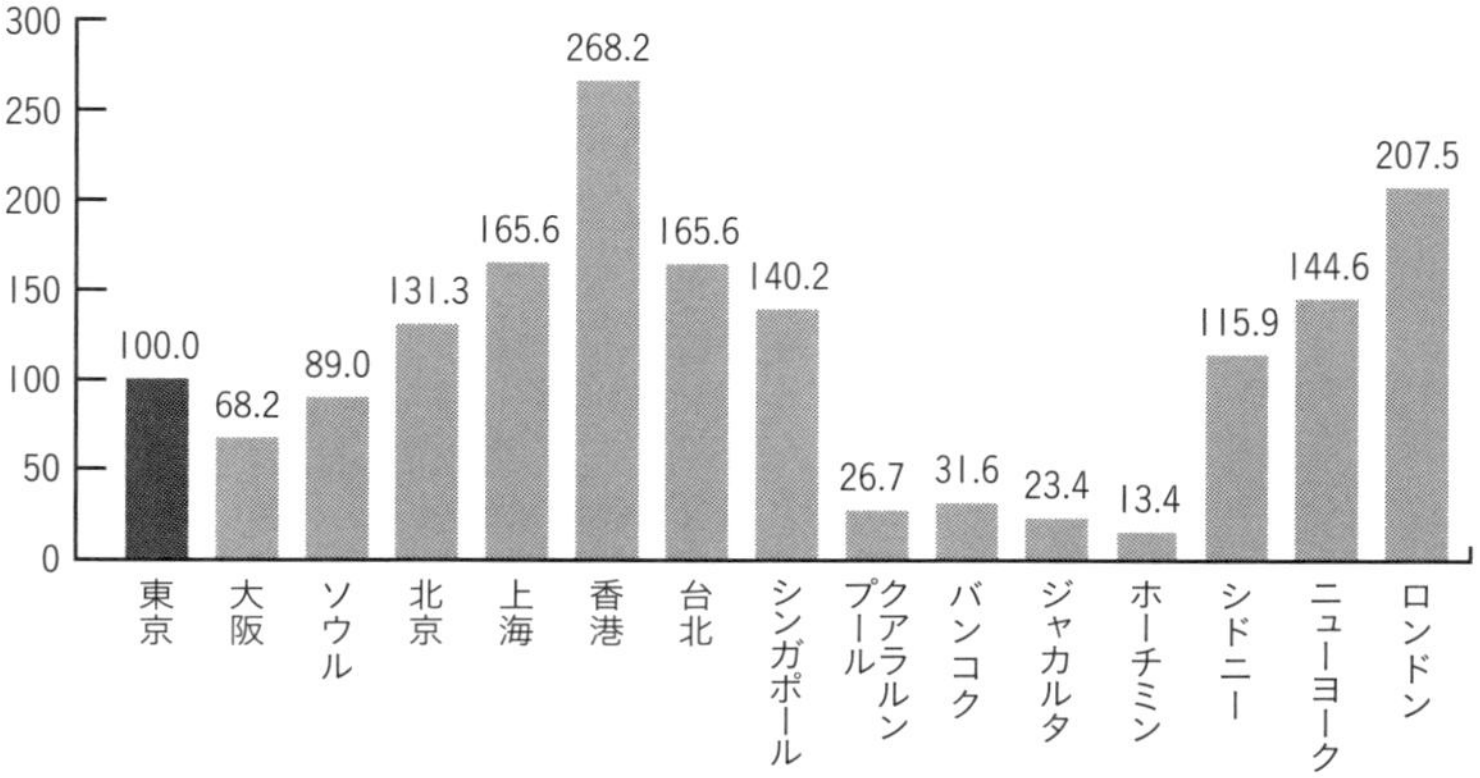

※各都市の高級住宅（ハイエンドクラス）のマンションを前提とした分譲単価の各都市比較指数（2024年4月の東京・元麻布地区=100.0）

出典：日本不動産研究所 第22回国際不動産価格賃料指数（2024年4月現在）

国際的な不動産投資のプロフェッショナルたちは、日本は物件価格が世界的に見て割安であるにもかかわらず、建物の品質や管理の状況は他国と比較して非常に高い水準であることを知っています。私はこれまで北京、上海、香港、シンガポール、ニューヨークの各都市に住んだ経験がありますが、実際に物件に住んでみた感想としても、価格に比して日本の建築物の品質はとても高く、築年数を経た中古物件であっても状態が良好であると感じられました。

他の主要都市と比較して安い価格で一等地の不動産を購入できるため、海外の富裕層は日本の主要都市の不動産を非常に魅力的な資産として高く評価しています。その割安感から今後さらに値上がりすることも十分に見込めるため、投資用としてだけではなく、セカンドハウスや移住後の自宅用として購入することも好まれているのです。

最近では「日本の不動産はバブルだ」という報道もよく聞かれますが、不動産業界としては「バブル」が意味するところの「実態の価値以上の評価（泡）が生じている経済状態」にあるとは考えておりません。不動産取引が国際化し、インフレにより物の価値全体が上昇する現在の局面において、日本の不動産価格は実態の価値に裏打ちされたものであるといえるのです。

富裕層の不動産投資はメリットが豊富

不動産に投資する場合、相続を抜きにしても富裕層は投資上の多くのメリットを享受することができます。

図表10　不動産価格指数（住宅）（令和６年３月分・季節調整値）

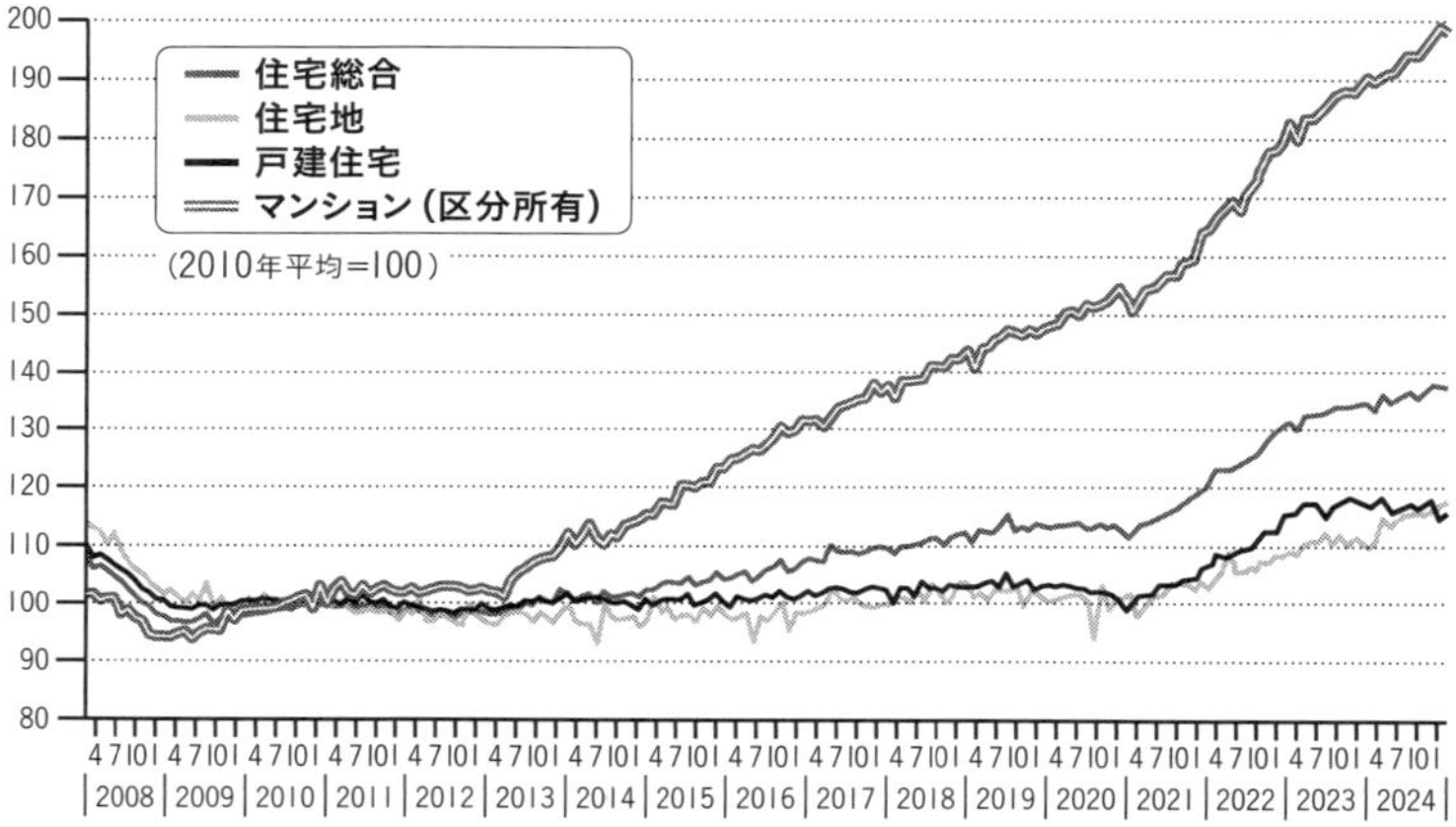

出典：国土交通省　不動産価格指数（令和６年３月・令和６年第１四半期分）を公表
～不動産価格指数、住宅は前月比0.4％上昇、商業用は前期比0.1％減少～

・資産防衛力の高さ

一部の都心の不動産は、近年ではコロナ禍後の金融緩和でゼロ金利政策が継続された結果、極端な円安とも相まって価格が高騰してしまいましたが、不動産はそもそも経済情勢に連動した価格変動性が低いという性質を持っています。

近年、図表10のようにとりわけ区分マンション価格は高騰傾向にありますが、一方で、図表11に示される東京圏の地価は１９８０年代後半のバブル崩壊以降は安定して推移しています。急激な地価の上昇が続いているとニュースではよく報じられますが、２０２０年の段階ではまだバブルどころかリーマンショック以前

図表11　東京圏地価変動率の推移

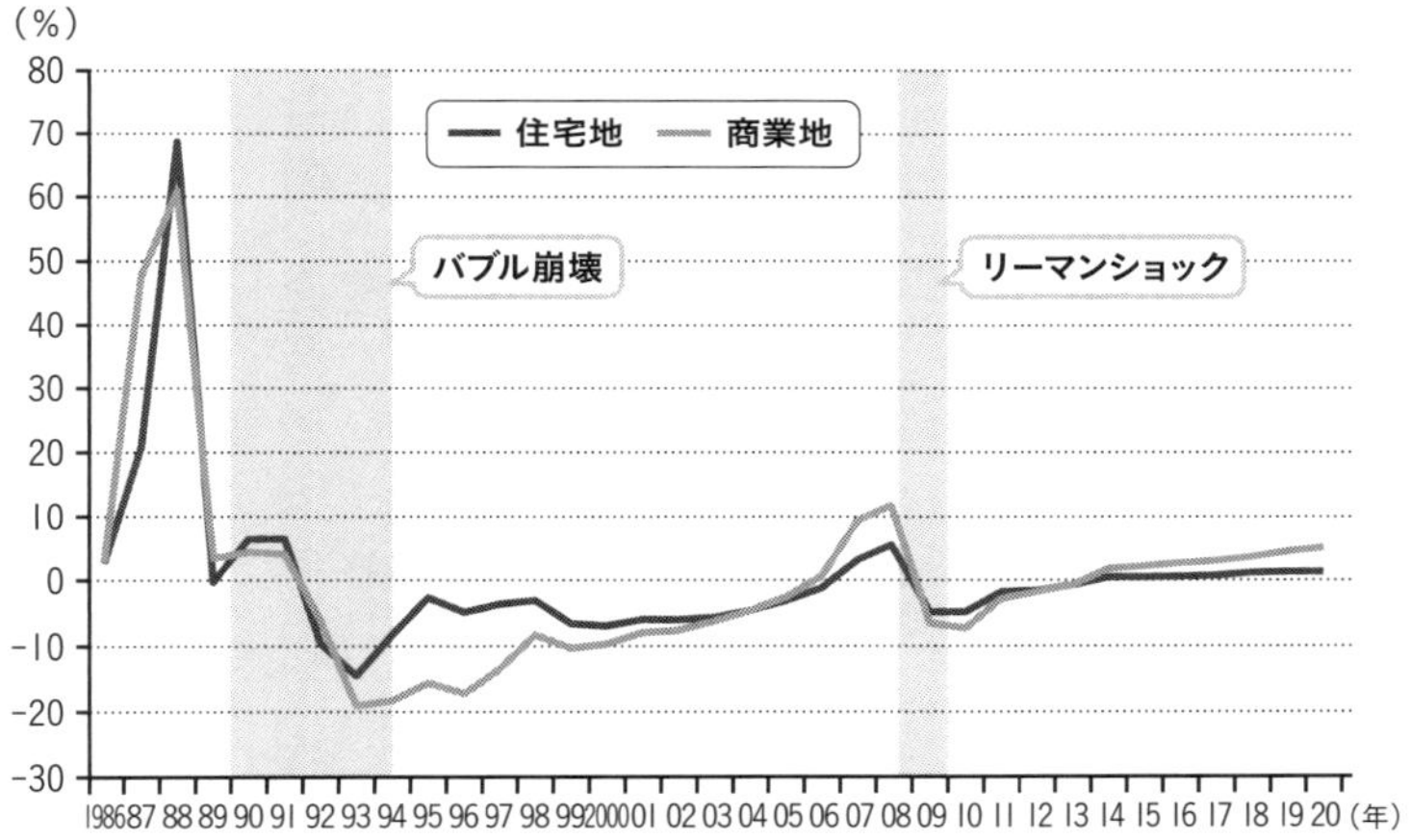

三菱 UFJ 不動産販売
「バブル崩壊、リーマンショック…歴史が教えるポスト・コロナにおける不動産市場のシナリオ」を基に作成

の水準にすら達していません。インフレによる建築価格の上昇が続いているため、住宅価格も緩やかな上昇傾向にはありますが、これは資材や人件費の高騰に起因するものであるため、相場変動により急激に価格が下がるということは考えづらい状況です。

・収益性が高い

売却をしなければ利益を得られない株式や投資信託、債券等の金融商品と比較して、不動産は保有さえしていれば日々一定の賃料を得られます。もちろん、金融商品にも定期的に配当金や分配金が得られるものはありますが、元本が減ったり減配になったりするリスクを抱えています。対して不動産の場合は、金融商品と比較して収益のコントロール権を大家が持つことができます。空室にならない限りは貸主が決めた家賃を得ることができるからです。

また、建物の価値は経年で劣化していきますが、土地の価値は本質的には変わることがありません。富裕層の不動産投資においては、建物はいわば付属品です。最も重要なポイントは収益性の高い「立地」を手に入れることにあります。

収益性の高い立地を手に入れることができれば入居者に困ることはまずありませんし、相続における資産圧縮効果も高い傾向にあるため、いざ売却の際にも高い価値を保つことができます。良い立地の物件は投資・相続の両面から見て魅力的であるため、流通量が限られており引く手あまたです。

・信用を活用できる

富裕層が不動産投資を行う最大のメリットは、その資産という信用を背景に多額の借入を行うことができる点です。不動産投資を行うにあたって投資効率を高めるには、現金一括で物件を購入してはいけません。適切な借入を行い「レバレッジ」をかけたうえで物件を購入すべきです。

本書が推奨する不動産投資を行うための資産額の目安は5億円からです。投資の手法としては、資産が5億円以上ある場合にその2割程度を不動産投資の自己資金に振り向けます。この2割を元手にレバレッジをかけて借入を行い、結果として総資産の約半分を不動産が占めるようにポートフォリオを組むことが不動産投資の最初の一手です（68ページ、図表7参照）。

この割合で資産ポートフォリオを組むと、万が一に予期せぬ空室や修繕などで一時的に出費が発生した際にも8割の流動資産が手元に残っているため、余裕を持った対応ができます。借入金よりも残りの資産のほうが多いため、将来的に返済に困るような事態が起こることもまず考えられず、万全の資産構成といえます。

具体的には、資産総額が5億円の方であれば、1億円を不動産投資の自己資金に回して4億円を借入し、この予算を基に総額5億円の物件を購入するのです。もしも資産総額が10億円の方であれば、2億を原資に8億円の借入を行い、10億円の予算を組んで物件を購入するという具合です。これだけの予算があれば、都心であっても複数の物件を購入することも可能でしょう。

さらに、富裕層は非常に有利な条件で金融機関から借入を行うことができます。金融機関にとってみれば富裕層は非常に安心して融資できる相手です。保有資産が潤沢にあるため焦げ付きの心配が低いですし、いざという事態になっても回収が容易であるからです。このため、一般には考えられないような低金利かつ長期間の好条件で融資してくれる事例が多数存在します。

加えて、金融機関が協力的であることでスムーズに購入を希望する物件を押さえることができます。一般的な不動産投資の場面では、銀行は物件の適性を厳しく確認したうえで融資を判断します。借入を受ける側に信用力が乏しい場合は、確実に収益を得られると金融機関が判断できる物件でなければ、安定した返済が期待できないからです。このように審査の段階で時間がかかってしまうと、その間に現金購入ができる業者や富裕層に優良な物件を奪われてしまいます。一方で、富裕層の場合はそもそも融資の有無にかかわらず物件を購入できるだけの資金力があるため、業者と同じスピードで契約を済ませることができます。融資は後付け（購入後に対象物件の購入費用を借入するバックファイナンス）でも良いと割り切って、物件を押さえた後でゆっくりと資金繰りを進めればよいのです。

・減価償却による所得圧縮効果がある

一定の収入がある富裕層であれば、不動産の「減価償却」を利用して所得税を節税することも可能です。減価償却とは、特定の資産を取得する際にかかった費用を定められた方法で毎年の必要経費として計上することを指します。

減価償却の対象となる資産は時間の経過とともに価値が減少するものであり、使用可能期間が1年以上でかつ取得価格が10万円以上のものです。したがって不動産を購入した場合、価値が簿価のまま変化しない土地は対象外となりますが、建物や設備は減価償却の対象となります。

毎年計上する減価償却費は建物の構造によって異なりますが、具体的な計算方法として、ここでは鉄筋コンクリート（RC造）を例に説明します。

法定耐用年数
鉄筋コンクリート（RC造）造……47年

中古で購入した場合の耐用年数
（47年－経過年数）＋経過年数×0・2

この計算式で求めた耐用年数を、国税庁の定める償却率表に当てはめます。新築の場合は耐用年数47年で償却率は0・022を、築10年の中古物件の場合は耐用年数39年で償却率は0・026を、取得に必要な金額に掛けて毎年経費計上します。

例えば、築20年の鉄筋コンクリート造物件を購入し、建物部分の価格が3億円だったとします。この場合、耐用年数は31年となり、償却率は0・033です。したがって、毎年990万円を31年間経費として計上することができます。

高額な役員報酬や事業収入を得ている場合や、個人名義での不動産投資の規模が大きいと、個人の所得税としては高い税率が適用されてしまいますが、減価償却というキャッシュアウトを伴わない経費を効果的に活用して不動産所得がマイナスになれば、「損益通算」を行うことで所得税を減らすことができるのです。損益通算とは、特定の所得で発生した損失を総所得金額から控除することができる仕組みで、これにより給与所得や事業所得に対する所得税の圧縮効果が生じます。

減価償却費以外にも、不動産ローンの利息（個人で不動産所得が赤字の場合には建物部分のみ）、修繕費、建物管理費、外部業者への支払い、火災・地震保険料、公租公課、ローン保証料、弁護士・司法書士・税理士などに支払う報酬、通信費や交通費なども不動産事業の経費として計上が可能です。特に購入初年度には多額の経費が発生することが多く、大きな節税効果が期待できます。所得が増える見込みのある年は、不動産購入の好機といえるでしょう。

投資用不動産は「相続商品」ではない

不動産購入による相続税評価額の圧縮効果があまりに高いことから、あたかも不動産が節税商品のように宣伝されることもしばしばありますが、不動産は決して節税のための道具ではありません。不動産は本来、低リスクで手堅く資産を守り増やすという性質から、富裕層が平時から運用することに向いている投資対象なのです。相続が迫っているからと駆け込みで購入すべきものではありません。

不動産投資を相続税対策だけの目的で行おうとすることには一定のリスクがあります。2022年4月19日、最高裁において注目の判決が下されました。不動産を活用して相続税を0円として申告した相続人に対し、相続対象となったマンションの評価額が実勢価格に比べて低すぎるとして、国税当局がその価値を再評価し追徴課税したことが適法であると認められたのです。

この事件は、相続税の評価基準である「財産評価基本通達」に基づく評価額に比べて、実際の購入価格が4倍もする高額なマンションを被告が購入し、これを路線価で評価して相続税を申告したことから始まりました。国税当局は、この評価が実勢価格と著しく乖離しているとして鑑定評価による再評価を行い、その評価を基に追徴課税を行ったのです。

最高裁は、こうした評価方法の変更が租税法上の平等原則に違反せずと判断しました。この判断の背景には、故人の相続が予期される直前になって不動産を立て続けに購入し、その購入が相続税の負担を減少させることを意図していたことが客観的事実として明らかであったこと、相続人らは購入した2棟のうち1棟を相続後すぐに売却していたことなどがありました。

この判決により、相続税の節税を目的とした不動産購入が慎重に検討されるべきであることが示され、特に高齢者が近い将来の相続を見越して不動産を購入すること、相続人が相続後すぐに不動産を売却することには細心の注意が必要となりました。

また、この判決のポイントは物件価格が相続税評価額と比較して4倍もの開きがあったことではありません。事業としての実態が乏しい駆け込みの相続税対策であることが問題とされたのです。故人が相続直前ではなく、以前から継続的に不動産事業を営んでいた、もしくは購入した物件に自身や親族が居住していたのであれば、あからさまな相続税対策とはみなされず国税当局も大きな問題にできなかったはずです。

収益性の点から見ても、相続直前の駆け込みでの物件購入は極力避けるべきです。相続直前に慌てて購入すると思わぬ高値掴みをしてしまうリスクがあります。富裕層の相続に適しており、管理の手間がかからない好条件の物件はさほど多く流通しません。その多くは非公開で取引されるので、適切な業者を選び、その時点で出物がなければ良い物件が出るまでゆとりを持って待つことも必要です。急いで購入することが必須条件となった場合には、どうしても今ある物件の中から消去法で選ばなければならず、結果として投資効率が悪くなってしまうのです。

そもそも、相続対策を考えるほどの資産があるならば、やはり相続を意識する以前から不動産投資を行っておくべきなのです。その期間が長ければ長いほど、結果的には資産を増やすことができたはずです。不動産は、長期的に価値が安定しやすく、ファミリーの財産を守るための重要な手段となります。しかし、相続税を減らすためだけに不動産を購入することは短期的な対症療法に過ぎず、本来の不動産が持つ価値を見失ってしまう可能性があります。

可能であれば、不動産の運営は家業として長期的に営み、次世代に引き継いでいくことが望ましいです。財産の自由度という観点からは不自由に感じられるかもしれませんが、すでに一定の資産を築いたご家庭であれば、手元に多額の現金を置いておく必要はないはずです。メインの収入に加えて、資産を背景とした果実を少しずつ得ることによって日頃からゆとりある生活を送る程度にとどめておくことが、資産を守り育てるうえでは賢明な姿勢といえるでしょう。

不動産を使いこなすには正しい知識の習得を

相続したご家族に不動産の知識や興味がなくても基礎的な運用は難しくないと述べましたが、長い目で見て最善の投資を行うためには、やはりある程度の知識を得ておくことが望ましいといえます。管理の手間がかからない築浅の物件を購入したとしても、保有する年月が過ぎれば徐々に手間を加える必要が出てきますし、いずれは買い替えや建て替えを検討しなければならなくなります。目安としては10年程度の節目を迎えたタイミングで資産構成の見直しを行うべきですが、買い替えや建て替えの検討において専門家と渡り合うためにはやはり一定の知識が欠かせません。

必ずしも相続したばかりのタイミングで専門的な知識を身につけておく必要はありませんが、相続で不動産を受け継ぎ家業として運営する意向が固まっている場合は、将来的に不動産を保有する予定のご家族それぞれが、徐々に資産管理と不動産に関するリテラシーを身につけていく必要があります。ご家族でもリテラシーの高い方が中心となってファミリーに知見やノウハウを共有し、それを得た方がまたそれぞれのご家族へ伝えていくというプロセスを積み重ねていかねばなりません。

この不動産をファミリーで受け継いでいくという行為は、次世代に財産管理や資産運用の知識と大切さを伝える絶好の機会にもなります。ファミリー全体の資産形成能力を向上させ、将来にわたって経済的な安定をもたらすことにつながるでしょう。相続対策としての不動産投資というのは必要な観点ではありますが、それ自体を目的としてしまうと、ご家族のために大切な資産を守るという本来の目的が失われてしまいます。不動産を相続税対策用の節税商品としてではなく、ご家族の未来を見据えた長期的な視点で活躍させる資産と捉えましょう。

第3章

安易な税金対策は要注意

富裕層ファミリーの安心相続を実現する不動産の選び方

富裕層が相続のために選ぶべき不動産とは

富裕層が相続による財産の継承を前提として物件を選定するにあたり、実はその選択肢は非常に限られています。もちろん、自己資金額によって購入可能な物件の範囲は増減しますが、条件として整理してみると満たすべき要件はそれほど複雑ではありません。

本書では相続対策の目的を、第一に遺されたご家族の苦労や負担を最小限にすること、第二にご自身が生前の準備を万全に終えて憂いなく人生を謳歌できること、第三に相続人だけでなくファミリー全体が幸福になることの3点だと考えています。この3点を軸に考えれば選ぶべき不動産の要件とは、管理の手間がかからず入居者探しや売却に苦労しない物件ということになります。

もちろん、こうした物件は不動産投資家であれば誰でも欲しがるような優良物件です。物件は品薄で高額となるため、物件価格に対する1年間の家賃収入を示す投資指標である「利回り」はあまり高くありません。加えて、富裕層の場合は将来の相続のことを考えれ

図表12　東京都の一等地

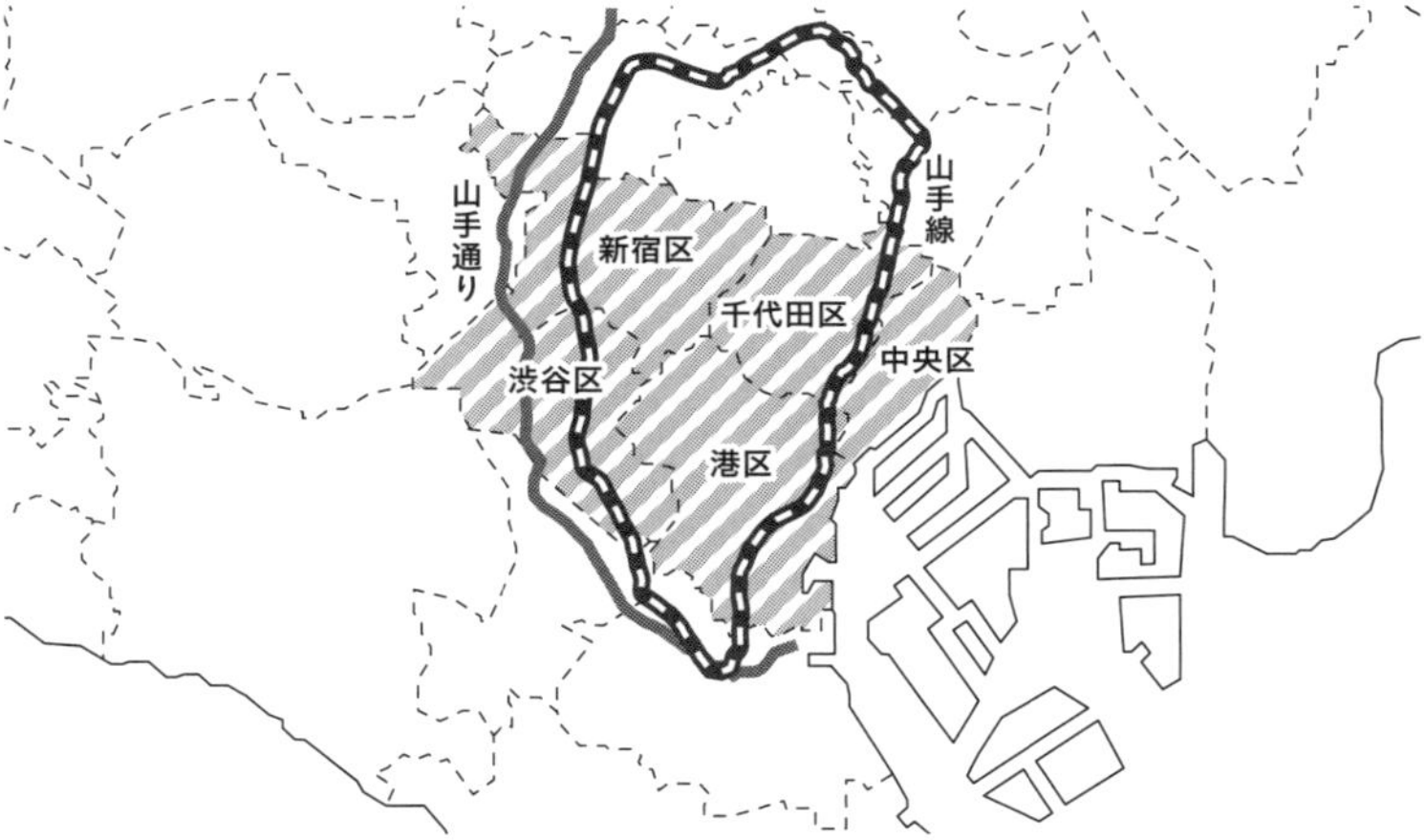

ば、相続税評価額の圧縮効果がなるべく高い物件が望ましいと考えられます。これらの条件を加えていくと、数ある不動産の中でも条件に当てはまるものはごくわずかになるのです。

条件1　一等地の物件を選ぶ

富裕層が物件を選ぶ際にまず考慮すべきは、間違いなく価値があると断言できる「一等地」の立地を選ぶことです。

なぜ一等地を購入すべきかというと、そもそも土地代が高ければ高いほど相続税評価額の圧縮効果は高くなる傾向があるからです。このため、相続対策を見越して物件を購入する場合には、地方より東京が好ましく、できれば最も地価の高い港区や千代田区、中央区にある物件が望ましいという考えになるのです。例えば、同じ4億円の予算で不動産を購入するとした場合、地方都市ではおよそ3億円が建物代となるような大規模な物件（土地代は1億円）となるのに対して、港区では逆に3億円が土地代の小ぶりな物件（建物代は1億円）となります。建物にも相続税評価額の圧縮効果はありますが土地ほどではありません。このため、この2つの物件で比較した場合、同じ4億円の投資でも地方物件の場合は約7割ほどに圧縮される見通しのところ、港区の場合は約3割ほどにまで圧縮される場合があるのです。

投資の観点でも、資金を集中させて一等地を購入することが成功へのセオリーといえます。一等地の物件は非常に高額であり、都心3区のRC造ビルや一棟売りマンションでは10億円を超えるものが少なくありません。反対に、地方都市であれば2～3億円で購入できる一棟物件が多数あります。高額物件に投資すると、資産が集中して分散できずリスクが高まるというデメリットはあるのですが、それでも可能な限り高額物件へ投資を集中させるべきです。

都心への集中投資を勧める理由としては、一等地における賃料の高さと入居率の高さはもちろんですが、都心一等地の物件と地方都市の物件を比較した場合、メンテナンスや修繕に費やしたコストを回収するまでのスピードが大きく異なるからです。例えば、30万円をかけてエアコンの入れ替えを実施した場合、家賃30万円が取れる都心の物件では1カ月で費用が回収できますが、家賃5万円の物件では回収に6カ月もかかります。

この点、特にテナントビルの場合には注意が必要です。マンションの家庭用設備とテナントビルの業務用設備では価格が大きく異なるため、テナントビルの修繕や設備の入れ替えには住居用物件の何倍もの費用がかかる場合も多いです。このコストの回収スピードをなるべく速めるためにも、テナントビルに投資するならばとりわけ都心一等地の物件を購入すべきなのです。

相続向きの物件とは、端的にいえば土地の価格が高い物件です。加えて小規模宅地等の特例を活用すれば評価額はさらに圧縮されるため、市場価格との乖離はますます広がります。このように課税評価額の圧縮効果によって得られる節税効果があまりに大きいことから、相続対策を急ぐがあまり、不動産投資としての収支に目を瞑ってでも物件を購入したいという方もいらっしゃいます。このため都心では、月々の賃料収入から銀行に返済した後の手残りキャッシュフローがマイナスになってしまう物件も少なくありませんし、そもそも人気がありすぎて希望エリアに売り物件がまったく見つからないこともあります。

ですが、収益性を無視してまでそのような物件を購入すべきではないと私は考えます。相続対策をするうえで不動産投資を行うことは非常に有効な手段ではありますが、それはあくまで不動産投資における副次的メリットの一つでしかないのです。不動産投資単体の収益でもプラスの効果を出せるようキャッシュフロー確保を優先し、場合によっては検討エリアを広げても投資計画と相続対策を両立できる物件を探すべきでしょう。

また、価格が高騰している物件を購入するために、総資産額の半分を超えるような過度の借入を起こすことも望ましくありません。確かに、相続対策だけを考えれば限界まで借入をした方が効果は高くなるのですが、無理な投資計画はいくら富裕層といえども不測の事態を招く危険性があります。

不動産は基本的に長期保有が前提で手間のかからない資産ですが、ある程度の時期には買い替えなども検討していかなければなりません。相続対策のために大きく借入をした物件だからと保有に固執していると適切な買い替えのタイミングを逃すこともありますし、買い替え時の年齢や景気動向などで次の借入がうまくいかないこともあります。

このような轍を踏まないためにも、あくまで不動産を購入する際には一般的な不動産投資と同等の視点で物件を吟味し、冷静に安全性を重視した投資計画を練るべきです。購入費用や収支計画、管理コストなどのバランスがとれた物件を選択し、将来的に物件の入れ替えが起こることも前提として安定的な投資をスタートすることが望ましいです。その後、年を経るに連れて徐々に相続向けの物件や借入にシフトしていくという戦略であれば投資計画に無理は生じません。

・一等地以外の不動産は購入すべきでないのか

相続税が減るだけで十分な効果が得られるからと、一等地と呼べる地域の外で手頃な価格の不動産を購入したり、ご自身が以前から保有している土地に物件を建設したりする場合があります。このような場合でも、その投資計画に無理がないかを十分に検討して判断しなければなりません。

まず、市場価格が低い土地では、そもそも相続税評価額の圧縮効果がさほど見込めないケースが多いです。加えて、市場価格が低いということは立地条件や周辺環境に何かしらの欠点があると考えられます。交通の便が悪い、商業施設や教育機関が少ない、治安があまり良くないなどの理由で競争優位性や賃貸需要が低い立地の可能性があります。この場合は入居者の確保が難しく、空室リスクも高まります。空室が続くと安定した賃料収入が得られず、ローン返済や維持管理費用の負担が増えることになります。また、土地や建物の市場価値が低ければ、将来的な資産価値の上昇も見込みづらいでしょう。相続対策のために本質的な資産価値を毀損してしまっては本末転倒です。

条件の悪い立地での物件の購入や建設は、純粋な不動産投資であればもっと慎重に検討されるはずなのですが、ここに「相続対策」という要素を含んでしまうと、相続税を減らせるだけで満足してしまい肝心の投資効果が不問にされがちです。なかには、投資として成立しないにもかかわらず、相続対策になるからと微妙な立地にマンションやアパートを建築させようと言葉巧みに営業する不動産業者もあります。

このような条件の悪い投資であっても、節税効果と投資効果を相殺してマイナスになることはまれなので、あまり大きな問題になることはありません。しかし、ご家族に資産を遺す方法として本当に適切なのか、より良い選択肢はないのかという観点は疎かにすべきではありません。手近に物件や土地があるからといって安易な相続対策は行わず、慎重に検討をすることが賢明です。

条件2　一棟物件を選ぶ

不動産にはいくつかの購入単位があります。一棟所有、区分所有、そして不動産小口化商品です。一般的に投資は分散することでリスクが抑えられると考えられており、また高額の資金が必要な一棟所有は心理的な障壁も高いため、区分所有や小口化商品を選びたがる方も多いのですが、自己資金や融資付けの心配がない富裕層の場合は、投資効率の良い一棟単位を優先して検討すべきです。

一般的に、区分所有よりも一棟所有の方が投資利回りは高いといわれています。不動産投資の情報サイトを運営する建美家の集計データによると、2024年1~3月の集計で区分マンションの平均利回りの6・84%に対し、一棟マンションの平均利回りは7・73%となっています。

また、一棟単位で不動産を購入すれば管理方針や修繕計画をご自身の判断でコントロールできるというメリットがあります。例えば、資金に余裕がある年に大規模な修繕を行うことで資金繰りを平準化できるように調整したり、売却を視野に入れたタイミングで外壁を塗装して物件の見栄えを良くして販売価格を向上させたりするなど、柔軟な戦略を採用することができます。

駅前などの希少な立地を手に入れた場合、時代に応じて大規模なリノベーションや建て替えを行うことで、不動産の価値を長期にわたり維持するだけでなく、さらなる価値の向上を期待して次世代に引き継ぐことも可能です。しかし、このような戦略は区分所有の場合だと管理組合の総会において区分所有者の大半の賛成を得て決議を成立させる必要があり、容易には実行できません。

・小口化商品には慎重な判断を

一方で、確かに一棟買いにはデメリットも存在します。初期投資が大きくなってしまうことや、資産が特定の土地に集中することで災害などのリスクが高まってしまう点です。しかし、複数の一棟物件を保有できるだけの資金力を持つ富裕層であれば、これらのリスクはさほど問題になりません。

不動産小口化商品は特定の不動産を小口化して販売し、投資家が少額からでも投資できるようにした商品です。特定の不動産を一口100万円程度に分割し、賃料収入や売却益を投資額に応じて分配する仕組みです。これにより、高額な都心の商業地や優良物件の不動産投資を少額からでも始めることが可能となり、富裕層でなくても不動産の分散投資ができるようになりました。

この小口化商品の場合でも、通常の不動産と同様の方法で評価額を算出するため、通常の物件を購入するよりも気軽に節税効果が期待できるので、タワマン節税に規制が入った今では非常に人気の相続税対策用の節税商品となっています。小口化していることで投資金額の調整もしやすく、物件の管理の手間を負う必要もありません。

良いことずくめに聞こえる一方で、この小口化商品には大きなリスクが潜んでいます。一つはセカンドマーケットが販売事業者の買い取り中心のため流動性が低いこと、もう一つは相続税評価制度の抜け穴を突いたような性質の商品であるため、タワマン節税のようにいつか評価制度が改正されてしまえば使いものにならなくなる可能性があるということです。仮にそうなってしまった場合、小口化商品の資産価値は暴落し、売却すら困難となるでしょう。

このような致命的かつ根源的なリスクが存在している以上、購入には慎重な判断が必要ですし、やはり資金の問題がない富裕層であれば借入を活用して一棟物件を購入することをお勧めします。

条件3　土地の特性に合った物件を選ぶ

不動産にはさまざまな物件タイプがありますが、大きく分けると「住居用」「商業用」「宿泊用」の3つのカテゴリーに分類され、投資効率はそれぞれの立地や入居する業種、物件の規模などによって異なります。

一棟単位での不動産投資を行う場合は市場に出回る物件数がそもそも少ないため、物件タイプの選択肢は限られてしまう場合も多いですが、選べる余地があるのであれば土地の特性に合った物件を選ぶべきです。若者が多い街では単身者向けのマンション・アパートや商業ビルの需要が高いですし、住環境の良い落ち着いた住宅街ではファミリー向けマンションの需要が高くなります。観光地に近接していれば宿泊用物件は高い恩恵を得ることができるでしょう。

不動産投資の初心者は、まずは住居用物件から選択するのが安心です。オフィス・店舗などの商業用物件やホテル・民泊などの宿泊用物件は、好調に推移している間の収益率は高いのですが、トラブルに見舞われる可能性も高く、運営にある程度のノウハウが必要だからです。

・住居用（マンション・アパート）

住居用物件は築年数が経過するにつれて賃料が下がる傾向がありますが、いかなる状況でも安定した需要が見込め、特に人口が集中する地域では底堅い賃貸需要が存在します。

住居用は単身者向けとファミリー向けに大別されます。単身者向けは一般的に約20～30㎡の1K、1DK、1LDKの物件を指します。空室リスクを分散させやすく、都心の一等地に立地する物件であれば家賃が高くても安定した人気を誇ります。都市部から離れている場合でも、大学や大企業の周辺であれば強い需要が見込めますが、そうした施設が移転した場合のリスクを見込んで注意深く投資判断をする必要があります。一般的に単身者向け物件はライフサイクルの変化に応じて短期間での退去が多い傾向にあります。

ファミリー向けは一般的に40㎡以上で、2DK、2LDK、3DK、3LDKなどの間取りの物件を指します。主に子育てをする夫婦が入居するために広さと部屋数が求められ、通学や学区の問題で引っ越しをしたがらない傾向にあるため、安定した賃貸運営が期待できます。

特に都市部において、ファミリー向けの賃貸物件は非常に希少です。面積あたりの収益性が単身者向けよりも低くなってしまうことから投資用として建てられたファミリー向けの物件数が少なく、分譲マンション所有者が一時的に賃貸に出している場合がほとんどだからです。一等地になるほど広さが確保できる物件は希少であるため、家賃が高騰しやすい傾向にあります。

退去が発生しづらく安定的に運用でき、昨今では希少性と需給バランスから家賃が高額になりやすいというメリットがありますが、入居・退居とも年度変わりの時期に集中しやすく、一度空室になると入居が決まるまでに時間がかかるというデメリットはあります。

・商業用（オフィス・店舗）

オフィスや店舗物件は、そもそも流通量が少なく希少価値があります。これらの物件の最大のメリットは、高い賃料収入が期待できることです。築年数や物件の状態よりも立地が賃料に大きく影響するため、好立地の物件は長期間にわたり高い賃料を維持できます。また、事務所や店舗は開業時に多額の設備投資が行われるため、短期での解約は起こりにくく長期の契約が見込まれます。退去時にはスケルトンでの引き渡しが原則で、大家が原状回復の費用を負担する必要が少ないのもメリットです。

他方、景気に左右される側面があり、好景気であれば空室率も低く賃料も上げていくことができますが、不景気になると賃料を大幅に下げなければテナントが決まらない場合があります。とはいえ、富裕層であれば十分に許容できる範囲のリスクですので、総合評価としては中級者向けの投資先といえるでしょう。

・宿泊用（ホテル・民泊）

ホテルや民泊物件は、事業用物件として高い投資パフォーマンスが期待できるカテゴリーです。新型コロナウイルス感染症によるパンデミック終息後、訪日外国人観光客の急激な回復により、ホテル・民泊投資は非常に活況を呈しています。

ホテル投資は、ディベロッパーが建設した物件を投資家が購入し、専門会社に運営を委託する形態が一般的です。経営が安定していれば運営付きでの売却も可能で、事業性の高い投資モデルです。民泊投資は、小規模なためオーナーが運営まで手がけるケースが多いですが、民泊専門の管理会社も存在します。現在の市況ではどちらも好調に推移していますが、景気動向や社会情勢に左右されやすいので投資リスクを積極的に取れる上級者向けの投資先といえます。

条件4　築浅RC造の物件を選ぶ

不動産における建物の構造は木造、鉄骨造、RC造の3種類に大別され、それぞれにメリットとデメリットがあります。

・木造

耐用年数が22年と短く、減価償却費を大きく取って所得を抑えるのに有利ですが、融資期間が短くなるため安定的なキャッシュフローの確保は難しいです。

・鉄骨造

軽量鉄骨は27年、重量鉄骨は34年の耐用年数です。RC造と比較して構造は簡易ですが、近年の技術革新によって居住性能は大きく改善されています。

・RC造

耐用年数が47年と長く、耐震性や耐久性が高く、長期間の融資を組むことができます。資産価値が保ちやすく、売却時に価格が下がりにくい特徴があります。

不動産を相続したご家族が手間をかけずに安定した収益を得るためには、築浅でRC造の物件を選ぶことが重要です。RC造は長期間の融資を組むことができるため、月々の返済額を低く抑えることができ、残債も多く残すことができるので、相続対策にも有利に働きます。

築浅の物件を選ぶ理由は、修繕費がかかりにくく、また入居率を高く保ちやすいため収益が安定しやすいからです。相続対策に適した物件は価格が高止まりしやすく利回りが低い傾向にありますが、ここで利回りを上げるために築古物件を選んでしまうと、長期間の空室や大規模な修繕が発生してしまい収支が赤字になりかねません。このような事態を避けるために、可能な限り築浅で月々の収支が安定しやすい物件を選択すべきなのです。

条件5　複数の場合は種類を分散させる

以上の要件をまとめると、富裕層が相続を見据えて保有すべきは一等地にある築浅RC造の一棟物件ということになります。これがあくまでセオリーですが、こういった物件を確保した後であれば、物件の種類や立地にアレンジを加えながらその他のタイプについても投資対象に加えることを検討していただいて構いません。

新型コロナウイルス感染症の流行初期には、都心の飲食店が家賃減免を求めたり、ホテルのキャンセルが相次いだりするなど、賃貸需要が急激に冷え込む事態が発生しました。こうした不測の事態に備えるため、同じタイプに偏らないように異なった種類の物件を組み合わせれば急激な収益悪化のリスクを軽減できます。オフィスビル、店舗、ファミリー向けマンション、単身者向けマンションなど、さまざまなタイプの不動産に分散投資することで、投資パフォーマンスを向上させつつ予期せぬリスクを避けることが可能です。

木造物件についても、耐用年数の短さから融資期間が取りづらいため単体でのキャッシュフローは厳しいですが、RC造を保有してキャッシュフローが安定してからであれば追加の投資対象として検討しても問題ありません。物件単体ではなく、不動産ポートフォリオ全体のパフォーマンスで判断できるようになるからです。

金融商品でも分散投資が堅実な手法とされるように、不動産投資でも同様の戦略は有効です。投資から得た収益を再投資する際には、成功体験からノウハウのある同種の物件を選びがちですが、異なる種類の物件を購入することでリスクを分散しながらパフォーマンスを向上させる手法についてもぜひ検討してみましょう。

相続人が多い場合に選ぶべき物件

相続人が多い場合の理想的な戦略は、子どもの数だけ同規模の一棟不動産を保有することです。なぜなら、1つの不動産を複数人で共有することは極力避けるべきだからです。兄弟姉妹間の関係性が良好であれば短期的には問題が起こらないとしても、中長期的には必ずそれぞれの事情が発生します。売却など大きな判断だけではなく、管理会社との日常的なコミュニケーションや小規模な修繕の出費ですら、負担の偏りによって誰かに不満が生じたり、共有者間の判断が分かれて意思決定が困難になったりするものです。

その点、多額の資金が必要にはなりますが、1人につき1棟の不動産を保有しておけば各相続人は単独の所有権として資産を受け継ぐことができ、遺産分割から相続後まで想定されるさまざまなトラブルを回避できます。相続対策を考える方は数億円規模の資産を保有するケースが多いため、都内で複数の不動産を保有することも十分に検討可能です。

この場合、東京の都心5区（都心3区＋渋谷区・新宿区）に次ぐエリアとして、以下の

図表13　東京の都心5区に次ぐ地域

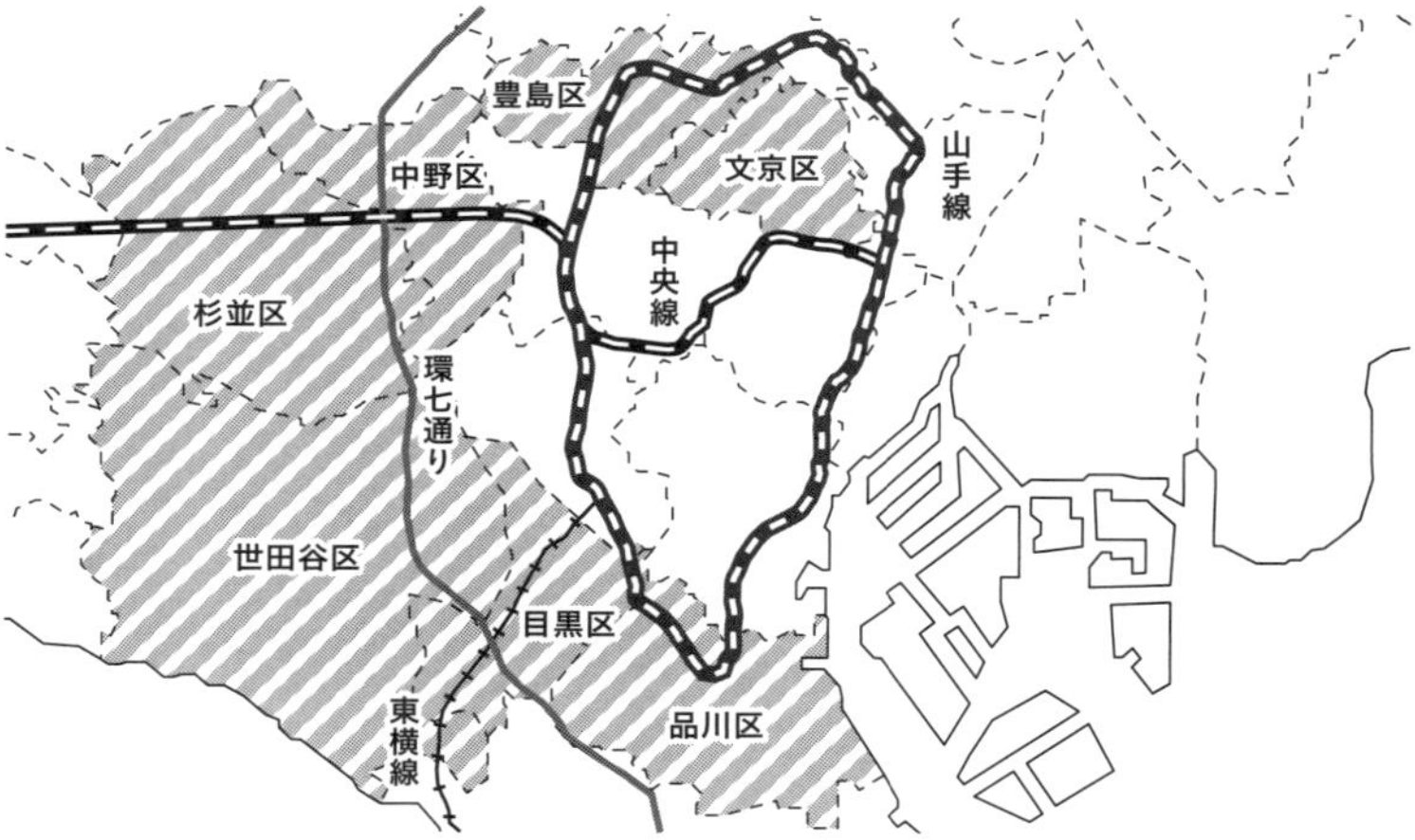

エリアまで物件の検討範囲を広げるのが現実的でしょう。

①目黒区（特に中目黒から自由が丘にかけての東横線沿線）
②文京区（小石川、白山など）
③豊島区（池袋、目白など）
④世田谷区（下北沢、三軒茶屋など）
⑤品川区（武蔵小山、戸越銀座など）
⑥中野区・杉並区（特に中野から荻窪にかけての中央線沿線）

このエリアであれば、借入を活用すれば自己資金が3000万〜5000万円からでも小規模な一棟物件を探すことができますので、複数棟の購入を検討することも現実的になってくるでしょう。

一方、区分所有を検討したとしても、昨今は資産性の高い立地では1億円を超える価格になることが多く、また金融機関の融資割合も一棟物件より低くなるため、資金の問題であれば一棟物件を検討するのとあまり変わらない状況です。であるならば、やはりメリットの多い一棟物件を軸に検討されるのがよろしいでしょう。

資産管理法人を利用して効果を高める

それでも複数の一棟物件を購入するのはハードルが高いということであれば、ファミリーで一棟の不動産を共同保有することも現実的に検討する必要があります。その場合は個人での共有持分とするのではなく、資産管理法人を設立してその株式を各相続人が保有する方法を検討してみましょう。一棟を法人で購入しその株式を各相続人で分配することで、不動産自体を共有するよりもスムーズに相続を行うことができます。

具体的な流れは、不動産を購入する際に資産管理法人を設立して法人名義とし、相続人を株主や役員として迎え入れます。そうすることで、賃料収入や将来的な不動産の含み益を、相続人は法人を介して被相続人の生前から受け取ることができます。また、法人の株式を被相続人の生前から少しずつ相続人へ贈与することで、将来の相続税の負担を軽減することも可能です。このスキームは、資産の相続税評価額を抑えつつ効率的に物件を管理して収益を分配し、次世代に引き継ぐための有効な手段となります。

この方法を用いると、相続時に直接不動産を相続するのではなく、不動産を保有する資産管理法人の株式として相続する形式になります。これにより、相続税の評価対象となる資産は不動産ではなく株式となりますが、法人の株式評価をする際にも基本的に個人の不動産評価と同様の手法が取られるため、この方法でも問題なく資産評価額を抑えることができます。

あるいは、当初から株主を相続人のみで構成して、被相続人が購入資金を法人に貸し付けることで不動産を購入するという方法もあります。被相続人が連帯保証をすることで金融機関からの借入を活用することも可能です。こちらの方が節税効果は高められますが、相続までの具体的なスケジュールが読めないこと、スキームとしてはやや複雑になることもあり、一般的には少しずつ株式を譲渡していく手法が用いられる場合が多いでしょう。

資産管理法人の設立は、現物資産である不動産を直接相続する場合の「誰が何を引き継ぐか」という争いの種を取り除く効果があります。たとえ1人につき1棟の不動産を準備したとしても、それぞれの立地や条件にはどうしても差異が出てしまい、どちらが良いかの不満や争いの種になる可能性は否定できませんが、資産管理法人という形式で均等に財産を分配すれば、平等に果実を分け合うことができます。

一方、法人であっても複数人が不動産を共有することに起因するリスクをすべて避けることはできません。種類株式の発行など機関設計を工夫することである程度は対処できますので、この点については専門家とよく相談してください。

また、資産管理法人を活用した不動産の相続を計画する場合には注意すべき点があります。法人が不動産を保有する場合について、相続評価に関しては基本的に個人と同じ取り扱いになりますが、購入から3年間は時価で評価されるルールがあり、不幸にも3年以内に被相続人が亡くなってしまった場合には節税効果が著しく低くなってしまいます。個人で不動産を保有している場合には否認リスクこそありますが、相続直前の購入であったとしても評価は原則どおりで問題ありません。

もう一点、小規模宅地等の特例は法人では適用できないため、特例を活用できる不動産に関しては個人名義で保有しておくべきでしょう。

これらの理由から、資産管理法人を設立して相続対策を検討する場合は事前に十分な準備と時間の余裕が必要です。また、不動産を購入してから3年間の時価評価ルールについても、今後の制度改正で変更されるリスクがあることにも注意すべきでしょう。

最後に、このスキームを活用する際にまだ相続人が幼い場合、株式の暦年贈与に関して特に年齢制限はありませんが、役員就任に関しては注意が必要です。役員登記には原則的に印鑑証明書が必要で、そのための印鑑登録は15歳以上が対象となります。特殊な方法を用いれば15歳未満でも役員登記ができた事例はあるのですが、当然ながら国税当局からの追及も厳しくなるため、資産管理法人を介して財産を移転する場合には、相続人が成人してからとするか、最低でも15歳になってから開始するべきでしょう。

第4章

富裕層が陥りがちな落とし穴

よくある失敗を避け
スムーズに引き継ぐための
ポイント

よくある失敗を避けて円満相続を目指す

多くの富裕層は、ご自身に相続対策の必要性があること自体は認識されています。にもかかわらず、結局は何も対策せずに高額な相続税が課されたり、中途半端な対策で不十分な結果に終わったという話がなくなることもありません。これは適切な対策方法を理解できていなかった場合もありますが、ご家族の固定観念やこだわりを解消することができなかったり、ご家族間で合意を形成することを怠ってしまったり、「まだまだ先のことだ」と準備を始めるのを先送りにしたりといった結果です。

相続はご家族の死に関連する事柄であり、世代や考え方が異なるご家族の意見をまとめ上げなければならない、非常にやっかいな問題です。多くの方は可能であれば話題にすることを避けようとしますし、いよいよ切羽詰まるまで対応を先延ばしにしようとします。しかし、その結果として最終的に大変な苦労を背負ってしまったり、ご家族間に致命的な亀裂が入ってしまったりなど痛ましい事例をいくつも見聞きしてきました。特に富裕層の場合は受け継ぐ財産が非常に大きいため、そのリスクは大きい傾向にあります。

相続の問題と向き合うことは、多大なる精神的な負担がかかることは理解しています。しかし、相続する資産が高額になる富裕層の場合は、この問題から目を背けることをやめて早期に可能な限り問題の芽を摘み取る必要があるのです。

【ポイント1】すべてを現金や金融商品で相続しない子どもたちに相続対策を拒否されたAさん

東京の高級住宅地に住む富裕層のAさんは大成功した実業家です。総額20億円の資産を築いており、その内容は株式や金融商品が大半でした。Aさんは会社を売却した後は悠々自適の生活を送っていたため、ご自身の終活にも熱心に取り組んでいました。その一環として、相続税を抑えるための対策も始めようと考えました。

早速Aさんが妻に相続対策の相談をしたところ、妻は「子どもに多くの資産を遺すことができるなら」と賛成してくれました。そこで、Aさんと妻は息子と娘を自宅に呼んで家族会議をすることにしたのです。

Aさんが息子と娘に嬉々として相続対策の話を始めたところ、意外なことに2人の反応はそっけなく、「忙しいので面倒なことはしたくない」「手間がかからないように現金だけで遺してほしい」というものでした。Ａさんは若い頃に苦労して事業を成長させたために晩婚で、子どもたちはまだ30歳を迎えていません。教育費を十分にかけて育てたかわいい我が子たちは有名企業に就職し、高給に恵まれ華々しい舞台で働いています。一人は結婚しているもののまだ子どもはいません。彼らは自分の稼ぐ力に自信があるがゆえに、親の財産を当てにするのが気恥ずかしい気持ちもあったのです。

Ａさんと妻は、子どもたちの淡白な反応を少し残念に思いましたが、2人の自立心が旺盛であるのは喜ばしいことです。また、Ａさんは70歳になったばかりでまだまだ壮健であったことから、相続の話はもう少し先でもよいだろうと考え直し、無断で対策を進めたり、無理に話し合ったりしようとはしませんでした。

ところがその2年後、Ａさんは急逝してしまいます。死因は心筋梗塞で、友人たちとゴルフをしている最中に倒れ、病院に運ばれてそのまま息を引き取りました。Ａさんの妻と子どもたちは、元気だった父の突然の死に強いショックを受けました。交友関係の広い父の葬儀には苦労しましたが、相続税の申告についてはＡさんが終活の一環として資産リストをまとめてくれていたため、思いのほかスムーズに進みました。

遺産の大半は金融資産と現金であったため、Aさんの妻が2分の1の10億円を、息子と娘が各5億円を相続することになりました。配偶者は法定相続分までは無税のため、Aさんの妻は10億円をそのまま受け取り、息子と娘はそれぞれ2億円を相続税として納税し、およそ3億円が手元に残りました。30歳前後の彼らにとって3億円は大金です。受け継いだ5億円のうち4割を納税することになっても、2人はあまり気にしていませんでした。

そしてそれから20年の月日が経過し、今度はAさんの妻が亡くなりました。Aさんの妻は、Aさんが亡くなった際に子どもたちが「現金で遺してほしい」と希望していたので、Aさんから受け継いだ遺産もほとんどすべてを現金で遺していました。亡くなる前の5年間は入居一時金が億を超える介護付き高級有料老人ホームに入居して悠々自適な余生を過ごしていたため、自宅も売却してしまっています。

Aさんの妻が遺した現金は6億円でした。Aさんが亡くなった当時、妻はまだ60代前半だったため、裕福ではなかった両親の介護費用や看取り、実家の処分に加えて、ご自身の介護費用についてもかなりの額を使わざるを得ませんでした。また、Aさんの死後はまったく資産運用をしていなかったので、出費ばかりで資産を増やす機会がなかったのです。

息子と娘は、Aさんの妻が遺した現金6億円を2分の1ずつ相続し、相続税を1億円ずつ納付しました。手元に残った遺産は各2億円です。こうして20億円あったAさんの財産は、妻や両親の生活費や介護費用などで4億円を要したとはいえ、20年を経て子どもたちの手元に合計10億円が引き継がれることになりました。遺産としては十分な額ですが、Aさんファミリーは世代交代に伴い6億円もの相続税を納めたことになります。

息子と娘はAさんの妻を亡くした時点で50代となっていましたが、このときになって「もっと考えて父の遺産を相続すればよかった」と感じていました。遺産の額に不満はありませんが、長らく会社員として働く中で、事業で成功してこれだけの財産を成すということがどれほど幸運で困難であったかを痛感したからです。勤め人である子どもたちも高給を得てはいますが、給与所得ではとても父ほどの財を成すことはできません。

また、自分たちが子や孫に恵まれ教育資金や生活援助をする立場になると、財産はあればあるほど良かったとも考えるようになりました。財産があれば、子どもだけではなく孫たちの世代まで安定した生活や高い教育水準を保つことができます。そして可能ならば子や孫たちになるべく多くの財産を引き継ぎ、ゆとりを持って豊かに暮らしてほしいという気持ちが生まれてきました。

Aさんの息子や娘は、母の財産を相続した後になってようやく父の提案した相続対策について真剣に耳を傾けておけばよかったと後悔しました。そして、父の代からは大きく減らしてしまいましたが、自分たちが受け継いだ資産についてはしっかりと相続対策をしようと考えるようになったのです。

相続に関する制度を理解して適切な対策を行うことは、確かに手間のかかる行為です。働き盛りや子育てなどで忙しい時期に親から相続対策について持ちかけられても「そんなことを考えている暇がない」「面倒な資産よりも分かりやすく現金で遺してほしい」「親の遺産には期待していないので特に何も対策しないでよい」と考えてしまうのも無理はありません。しかし、金融資産や現金ばかりで遺産相続が発生すると、富裕層の場合は非常に多額の課税が行われ、ファミリーの財産が大きく失われてしまいます。

ご自身が現役世代として働いている間は、遺産はある程度まとまった額を現金でもらえればそれで十分と考えるかもしれませんが、ライフステージが進んでご自身が高齢になったときにも同様の考えでいるだろうか深く思いを馳せてみるべきです。高齢になると子どもたちも家庭を持つようになり、生活や教育、住居購入などでまとまった資金を援助したいと考えるようになるかもしれません。また、子だけでなく孫の世代まで豊かに暮らしてほしいと考えが変化する可能性もあります。

資産は浪費するためにあるのではありません。子や孫の世代の安定した暮らしを支え、もしもの事態に備えるために不可欠なものです。今の気持ちだけで親世代から受け継ぐ資産を大きく減らしてしまっても良いのかはよく考えてみるべきでしょう。

【ポイント2】不動産購入の借金を嫌がらないご家族が得られる月々の収益がわずかになったBさん

東京の湾岸エリアにあるタワーマンションの上層階に住むBさんは芸能人です。80代を目前に控えた現在はテレビや舞台に出演することもほぼなくなり、マネージャーだった夫とともに近くに住む一人娘のご家族と交流しながら静かに暮らしています。

30~40代の頃は女優としてテレビや映画、舞台にと忙しく働いてきましたし、60代までは仕事が定期的にあったため蓄えは5億円と十分です。年金は期待できない職業であることから、稼いだ財産は堅実に投資信託で運用して老後にも備えてきました。

一家の稼ぎ頭だったBさんとは対照的に、娘は芸能の仕事を選ばず結婚後は仕事を辞めて専業主婦になり3人の子をもうけました。Bさんはかわいい孫のために、娘家族の生活費や教育資金をことあるごとに援助してきました。そして80代を迎えるにあたり、万が一に備えて娘にできる限りの財産を遺すために相続対策を始めようと考えたのです。

詳しい知り合いに聞いてみると、「相続対策には不動産を購入すればよい」とアドバイスされました。そこで投資信託を購入していた銀行に相談したところ、担当者はにこやかに「系列の不動産会社でご相談を承ります。ご予算はおいくらですか？」と答えました。

Bさんは現在運用している4億円の投資信託を解約して不動産を購入することにしました。知人から、投資信託の場合は相続が発生した際の評価額で課税されると聞いたからです。これを不動産に換えれば、存命中は家賃収入を得ることができ、いざ相続の際には課税評価額が圧縮されます。自分が夫より先に亡くなる可能性もあるため、相続での遺産分割が複雑にならないよう2棟のアパートを購入することにしました。

4億円で2棟を購入することになると、1棟あたりの予算は2億円です。あまり郊外の立地では不安のため都心で探したところ、新宿区と目黒区に予算が合うものが見つかりました。しかし、2億円の予算では木造で部屋数の少ない小ぶりな物件しかありませんでした。担当者は、借入をすればもっと良い物件が購入できますよと勧めてきましたが、いくら不動産を遺すとはいえ、少ない年金で暮らす夫や専業主婦の娘に大きな借金を引き継ぐことには抵抗がありました。このため、手持ち資金のみで不動産を購入したのです。

この10年後、Bさんは90歳を目前にして亡くなりました。夫も2年前に他界していたため、2棟のアパートは一人娘が引き継ぐことになったのです。

Bさんの財産は居住していた賃貸マンションとアパート2棟、現金は数千万円であったため、確かに課税評価額は圧縮され、相続税は遺産で引き継いだ現金の範囲内で支払うことができました。Bさんの一人娘は5億円近い資産を引き継ぎ、分譲マンション1室とアパート2棟の家賃収入を得ることになりました。

しかし、タワーマンションの高層階にある分譲マンションは築20年を過ぎて少し古さを感じるようになり、狭くて設備も弱いアパートは空室も目立つ状況で修繕費用も貯めておかねばならず、借入の返済がないとはいえ家賃収入をそのまま生活費に回すわけにはいきません。修繕費用の備えと各所への支払いを差し引くと、手元に得られる月々の手残りは期待したほどではありませんでした。

Bさんの一人娘は、親が遺してくれた資産から得られる家賃収入には感謝していますが、手間のかかる割に収益の少ない2棟のアパートについては、もう少し良い物件はなかったのかしらと考えています。

「不動産を購入すれば相続時に資産が低く評価される」という点のみを重視し、不動産投資と相続税の課税制度を十分に理解しないまま表面的な相続対策を行ってしまう方がいらっしゃいます。もちろん、不動産を保有していれば課税評価額は圧縮され相続税は少なくできますが、ご家族に引き継ぐ資産として適切かという観点が置き去りにされています。

Bさんはご自身が夫より先に他界した場合でも資産を分けやすいようにと、1棟あたり2億円の購入予算を設定しましたが、2億円で都心の好立地物件となるとその他の条件はどうしても弱くなってしまいます。借入をして予算を上げられれば、資産価値が落ちにくく入居者を募りやすい築浅RC造の物件も視野に入ったはずですが、Bさんは収入のない夫や娘の負担になることを恐れて借入をしませんでした。

古い世代には、借金は絶対にしないという主義の方も多いのですが、そのような場合は相続人の方から借入を活用する意義を説明していただき、負債を合わせて相続することになっても構わないという姿勢を伝えることで、効果的な借入を積極的に活用できる体制を築きましょう。

不動産投資において重要なことは、収益を安定してプラスにすることです。たとえ借入があって月々の返済があったとしても、築浅で修繕の必要があまりなく、空室が発生しづらい物件であれば月々の収支は安定してプラスになります。逆に月々の返済がなくとも、修繕が頻繁に必要であったり、家賃の滞納が起こりやすい入居者属性であったり、空室が長期で発生するような物件では月々の収支は不安定になりやすいのです。

Bさんの計画を聞いた不動産会社の担当者はこの点を具体的にアドバイスすべきでしたが、金融機関や不動産会社の担当者すべてが相続や不動産投資に詳しいとは限りません。計画の妥当性を確認することもなく、顧客に言われるがまま予算内の物件を流れ作業のように提案するだけの担当者も多いのです。

不動産を活用して相続対策を行う場合は、富裕層特有の不動産投資のメリットや相続対策の仕組みをよく理解しておく必要があります。そのうえで、最も重要なポイントである借入の活用によるレバレッジ効果を十分に活かすべきなのです。

【ポイント3】必ず二次相続を意識する
自身の相続対策はしたが妻の相続は考えていなかったCさん

Cさんは70代半ばで中小企業の元経営者です。現在の総資産額は20億円ほどで、すでに経営を引き継いだ長男には最終評価で10億円となる会社の株式を生前贈与で計画的に渡しています。Cさんには妻と長男のほかに子どもが2人おり、Cさん夫妻が亡くなった世代交代のタイミングでそれぞれの子どもにおよそ10億円ずつの資産を相続させられればと考えていました。

Cさんは、長男への事業承継と生前贈与では苦労しましたが、妻と子どもたちへの相続は簡単だろうと軽く考えていました。Cさんが世を去る際には、妻に自宅と現金を遺し、子どもたち2人には相続税が安くなるように5億円前後の不動産と多少の現金を引き継がせる準備をしました。

この結果、10年後にCさんが亡くなった際はスムーズに相続は進みました。長男は経営する会社に関連する資産以外は相続せず、妻は配偶者控除で無税、子ども2人の相続税もほどほどの金額で済みました。しかし、問題はその2年後に起こりました。Cさんよりも10歳年下だった妻ががんを発症、あっという間に亡くなってしまったのです。

Cさんは、資産運用が苦手な妻のために相続財産の大半を現金で遺していました。そのうえで、妻自身も相続を考える年齢になったら、子どもたちとよく相談しながら専門家と連携して対策を講じるようにと伝えていました。しかし、Cさんの死後まもなく急な病に倒れてしまった妻は、なんの対策を講じることなく急逝してしまったのです。

この結果、二次相続においてCさんの子どもたちの相続税はかなりの高額になってしまいました。妻の引き継いだ資産10億円の内訳は自宅と現金でしたが、子どもたちはすでにそれぞれ持ち家を保有していたため小規模宅地等の特例も適用されません。しかも、長男は生前贈与からの約束があったので今回も相続を放棄しています。1人あたり約5億円の課税評価額となり、それぞれ約2億円の相続税を納めなければなりませんでした。Cさんが亡くなった際にはほぼ減ることのなかった資産が、その後たったの2年で4億円近く減ってしまうことになったのです。

Cさんの場合、Cさんご自身の相続対策は上手にできていましたが、妻から子への二次相続についてはまったく対策ができておらず、結果として多額の相続税を納めることになってしまいました。このように、ご自身の相続対策は考えられているものの、その後の二次相続を考慮できていないという事例はよくあります。

配偶者は法定相続分（子がいる場合は2分の1）までは無税になることから、残り2分の1についてだけ考えればよいと油断してしまいがちですが、多額の相続が起こる富裕層の場合は、一次相続の時点で二次相続までを見通した相続計画を立てる必要があります。

Cさんの場合は資産が合計20億円ありましたが、配偶者の余生のために自宅（市場価格1億円程度）と現金で3億円もあれば十分と考え、残り16億円を不動産に換えてしまう方法もありました。これに借入を活用して最大30億円程度の予算を組んで好立地の一棟物件を購入し、課税評価額を圧縮することで相続税を抑えつつ、税負担を抑えながら2段階で不動産を引き継ぐことも可能だったのです。

年の離れた配偶者がいる場合、ご自身の亡き後にどの程度の資産を現金で遺すべきかは確かに悩ましい問題です。配偶者の余生にどんな不測の事態があるか分からず、資産が尽きて困ることがないようにとの想いから、使い勝手の良い現金で資産を遺しがちです。この結果、多くの富裕層が二次相続の際に多額の相続税を支払うことになるのです。

配偶者が生活に困らず豊かに暮らす方法としては、不動産を購入することで定期的な家賃収入を得られるようにしたうえで、万が一の際は子どもたちからの援助を受けるなど、二次相続時の相続税を抑えながら生活費を保証する方法はいくつか考えられます。ご自身の一次相続を計画する際には、必ず配偶者の希望や生活についても考えを巡らせ必要十分な資産を遺す必要があります。そのうえで、二次相続の際に過剰な負担が発生しないよう全体のバランスをよく考えて相続計画を練る必要があるのです。

【ポイント4】不動産の共有相続は避ける

遺産分割協議が難航し共有相続したDさんの子どもたち

Dさんは都内のとある駅前にあるビルのオーナーで、代々その地で雑貨店を営む一族の一人娘でした。30年前に雑貨店の前に地下鉄の駅が開通したことをきっかけに、Dさんの父親は大きな借入をして自宅兼雑貨店を取り壊し商業ビルを建設しました。Dさんはこのビルを10年前に相続したのです。

Dさんはビルの最上階に住まい、大家として生活してきました。テナント賃料の収益から借入金の返済を差し引いても十分な収入を得られたうえ、勤め人の夫もいたので生活は裕福でした。Dさんは3人の子をもうけ、孫にも恵まれて幸せに暮らしていました。

Dさんは、夫に先立たれてからはビルの最上階で一人暮らしをしていました。このビルをどのように子どもたちに引き継ぐかで日々心を悩ませていましたが、なかなか良い方法が思いつきません。ビルを売却して資産を分ければ平等ですが、先祖代々住んできた土地を売却することには抵抗がありました。とはいえ、3人の子どもたちは皆独立して家庭を築いていたため、住居としても必要ありません。そうこう悩んでいるうちにDさんは衰えてしまい、認知症の症状も出てきたため、介護施設に入居することになりました。

介護施設に入居した母の衰えた姿を見て、子どもたちは急に相続のことが不安になりました。そこで母の資産を整理してみたところ、財産の大半はビルで現金は３０００万円程度しかありませんでした。Ｄさんは日頃から積極的に子どもや孫たちの生活費を支援してきたので、現金の蓄えはそれほどなかったのです。ビルからの賃料収入はありましたが、子どもたちの家からアクセスの良い都内の有料介護付き老人ホームは月々の費用が高く、母が亡くなるまでの間に現金がこれ以上増えるとは思えませんでした。

Ｄさんの子どもたちは、皆それほど収入が高くありませんでした。このためビルのテナント賃料を得たいとは考えていましたが、単独でビルを譲り受け、相続税を払ったうえで他の2人に法定相続分の現金を渡せるほど蓄えがある子どもはいませんでした。このような状況のため、特に深く考えることもなく、ビルは子どもたち３人で共有相続することにしました。３人が共同でビルの管理を行い、平等に家賃収入を分けることにしたのです。

相続から5年が経ち、ビルを３人で共有して相続したＤさんの子どもたちの仲は非常に険悪になっていました。３人で協力してビルを管理すると取り決めたものの、実質的に管理業務を行うのは近くに住む末の妹ばかりになっていました。さらに、ビルの維持に必要な修繕についても意見が分かれる場面がたびたびありました。浪費家の長兄が蓄えをすることもなく賃料収入を使いこんでしまい、修繕費を出し渋るようになったのです。

ビルの管理業務や修繕費の立て替えなどで負担が重い末の妹は、これ以上苦労をしたくないと考え、ビルを売却して売却益を3等分して精算することを望むようになりました。しかし、浪費家の兄は売却に賛成しましたが、テナント賃料による定期的な収入を当てにするだけで負担を妹に押し付けていた次兄はビルの売却に同意しません。怒った妹はビルの管理に手を抜くようになり、管理状態は悪化していきました。

この結果、立地は良いのでテナントは決まるものの、一度テナントが出ると空室期間が長引くようになり、ビルの収益性は悪化しています。しかし、3人の仲が険悪になってしまった以上、この状況が良くなる見通しもつかない状況です。

Dさんの子どもたちは自社ビルを3人の共有としてしまいましたが、基本的に不動産を共有相続させるべきではありません。相続時点では協力関係が築けていても、10年、20年と経過した後も関係が良好に続いている保証はないからです。10年単位の時間が経過すると各相続人のライフステージは大きく変化します。疎遠になって連絡が取れなくなることもありますし、資産背景にも差が出てくるようになります。ましてや、さらに次の世代まで相続が発生してしまえば、その関係性はもはや他人に近いものです。この結果、相続した不動産の取り扱いについて対立が生じやすくなり、管理や処分に関する合意も取れなくなってしまいがちです。こうなってしまうと、せっかくの不動産が十分な資産価値を発揮できなくなってしまいます。

不動産の共有は、ファミリーの資産が特定の不動産に集中し、金融資産が乏しい場合に起こります。この場合は不動産を売却するか共有するしかありませんが、資産管理法人が不動産を保有する形式にして、相続人がその株式を法定相続割合に応じて持ち、不動産の収益を分け合うようにすればある程度は争いを防ぐことができます。一定の収益を法人にプールしておけば、不動産に関する雑事や、管理者への報酬、専門家との連携費用などをスムーズに拠出することができます。

一方で、資産管理法人を利用した場合でも、株主間で話し合って議決権の過半数の賛成を得る必要があるため、不動産投資の戦略実行に不自由が生じることには変わりません。建て替えや売却などに支障が出ることから、不動産を相続する場合はなるべく共有状態を避け、単独で所有権を相続できるように計画しておきましょう。

【ポイント5】会社の経営権を分散させない
急逝により企業の経営権が分散してしまったEさん

Eさんはご自身で起業した会社の規模を少しずつ拡大してきた中小企業の経営者です。Eさんの専門性を活かしたB to Bの卸売業で、根強い需要に支えられ、地域の雇用にも貢献しながら地道に大きく育ててきました。

Eさんは早くに妻を亡くしましたが、2人の子どもが立派に成長しました。長男は有名大学を卒業して金融業界に勤めています。次男は大学を卒業した後にEさんの会社に就職して実務経験を積んできました。Eさんは次男に会社の経営を継がせ、自身の引退後も業界や地域のために会社を継続させたいと考えていました。

とはいえ、次男はまだ30代でEさんも60代、経営権を交代するには時期尚早です。事業承継はあと10年先でよいと考え、具体的には何も準備をしていませんでした。しかし、この判断が会社の危機を招くことになってしまったのです。

不幸なことに、Eさんは営業先で交通事故に遭い、突如として帰らぬ人になりました。幸い会社経営については次男が大筋を把握していたので当面は問題ありませんでしたが、問題は会社の経営権です。Eさんは遺言を遺していなかったため、会社の株式をどう分配するかを兄と弟で話し合うことになりました。

大多数の関係者は、弟が株式のすべてを相続し、会社経営に混乱が生じるリスクを排除してほしいと希望していました。弟からも兄の理解を求めましたが、結果として兄は会社の株式について法定相続分の割合を要求しました。

弟が会社の株式をすべて取得し、兄に同等の対価を渡すことができれば交渉の余地はあったのでしょうが、株式評価額は数億円にのぼり、相続税を支払ったうえでそれだけの現金を用意することは不可能でした。兄は会社の経営にはこれまでノータッチでしたが、金融機関でキャリアを積むと同時に、将来的には経営者としての道をサブキャリアとして残しておきたいと考えていたのです。

この結果、会社の株式は兄弟で等分に分けられ、経営権は分散することになりました。弟はどうにか会社経営を続けていますが、重要な意思決定の際には会社の実務に通じていない兄の合意を得なければならず、その対応に苦慮しています。そして経営の意思決定が遅くなってしまった結果、会社のビジネスは徐々に停滞するようになり、多くの優秀な社員が離職していく結果となってしまいました。

Eさんの場合、交通事故という予期せぬ不幸で突然の相続が発生したため仕方がない面もありますが、企業経営の安定を図るためにも、経営者は万が一の場合の事業承継について早めに備えておく必要があります。経営者の急逝によって経営が混乱する例は多く、富裕層である経営者の多くが取り組むべき問題ですが、大企業ですら万が一の事態に備えられていないというのはよくあることなのです。

子どもが複数おり、そのうちの1人に事業を承継する予定の場合は、経営者の死亡による相続ではなく生前贈与による計画的な承継を行っておくのが一般的です。国も中小企業の事業承継についてはこれからの日本の重要な課題として捉えており、さまざまな税制優遇制度が準備されています。専門家のアドバイスを受けながら、計画的に株価を抑えて承継する方法を準備しておきましょう。

企業経営者の保有する株式評価額は、小規模企業でも社歴が長いと数億円にのぼることも多く、何も対策をせずに贈与を行うと贈与税が莫大になってしまうほか、兄弟姉妹がいる場合は、後継者以外の相続人から特別受益を主張された際に対応が困難になります。株式評価額を抑えるには特定期間の収益や配当を計画的に抑える方法が定石ですが、個人の相続と同様に借入を行って不動産を購入する方法も効果的です。

この生前贈与による事業承継のタイミングは各企業によって適切な時期が異なります。予定どおりに進まない可能性も考えられますので、万全を期すためには不動産による株式評価の圧縮と遺言書の作成によるリスク回避を先んじて行っておくべきです。

非常に多くの資産を持つ富裕層や会社経営者は、その身に万が一のことがあった場合にはご家族間で相続争いが生じることもあります。単なる資産の分配であればプライベートの問題で済みますが、会社経営に関わる争いは従業員や取引先にまで影響が発生する重大事項です。このため、個人での相続対策を考えるよりも優先して最低限の備えを開始しておくことが望ましいでしょう。

【ポイント6】子どもがいない場合こそ必ず遺言を遺された妻が夫兄弟との相続争いで疲弊したFさん

Fさんは東京のとある駅前に事務所を設けている弁護士です。Fさんは独立前に貿易に関する法務を多く取り扱う事務所に所属しており、希少な専門性を持っていました。多くの貿易関連の中小企業の顧問弁護士を務めており、専門的な訴訟も請け負うことができるため、50代にして7億円ほどの資産を築いていました。

Fさんは妻と二人暮らしでしたが、高級住宅街に広い一軒家を所有していました。Fさんは職業柄、蔵書が多いため書斎が必要なこともありましたが、広い自宅を購入したのはFさんの唯一の趣味を実現するためです。広い自宅の1階で大半を占める大型のガレージに高級車を複数台所有していました。そう、Fさんはカーマニアだったのです。

自宅のガレージにはそれぞれ4000万円、6000万円の高級車が2台駐車されており、Fさんはたまの休日に愛車でドライブをしたり、愛車の手入れをしたりすることを何よりの息抜きとしていました。Fさんの妻は周囲から夫のお金のかかる趣味を心配されていましたが、夫の所得が高く生活に困っていないことや、多忙な夫にとって唯一の息抜きであることから夫の趣味を理解し、ご自身も夫の車を大切に扱ってきました。

そんなFさんはある朝、事務所に向かおうとした矢先にリビングで倒れました。原因は脳梗塞でした。Fさんの妻は急いで救急車を呼びましたが、Fさんは病院に運ばれてから数時間後に手当ての甲斐なく亡くなりました。

葬儀を終えて程なくFさんの妻に振りかかってきたのはやっかいな相続問題です。Fさんの両親はすでに他界していましたが、Fさんには年の離れた兄がいました。Fさんと兄はあまり仲が良くなく、両親が存命のときでさえ交流はほとんどありませんでした。にもかかわらず、Fさんの妻は葬儀で10年以上ぶりに顔を合わせたFさんの兄と遺産分割協議をしなければならなくなったのです。

Fさんの7億円の資産構成は、自宅が市場価格で3億円、賃貸の1棟マンションが2億円、車が2台で1億円、証券や株式が時価で5000万円、現金が5000万円でした。相続税上は約4億円の評価です。

子どものいない夫婦で両親がすでに亡くなっている場合は、配偶者に4分の3、兄弟姉妹に4分の1が分割されます。このため、Fさんの妻は遺産のうち時価で2億円近くをFさんの兄に渡さなくてはならなくなりました。

遺産分割協議は難航しました。Fさんに遺言はなく、Fさんの兄は法定相続分の分割を主張しました。しかし、突然夫を亡くしたFさんの妻にとって手持ちの現金を超える法定相続分を支払うのは難しいことでした。遺産を分割するためには、思い出の詰まった我が家、夫が大切にしていた愛車、夫亡き後の貴重な収入源である賃貸マンションのいずれかを手放さなければなりません。Fさんの兄に対しては、現物資産を処分しないでも支払える額に譲歩してくれないかと頼みましたが、話し合いは平行線を辿りました。

普段から交流がなく他人に近いFさんの兄との交渉に疲れ果てたFさんの妻は、結局、生活に最も影響のないFさんの愛車2台を仕方なく手放すことで遺産の分割と相続税の納付を行いました。すべての手続きが完了した後、Fさんの妻は自宅で愛車が失われた空のガレージを見るたびにFさんに申し訳なく、悲しい気持ちでいっぱいになっています。

Fさんの場合は、高額の自宅を保有しすでに不動産投資も行っていたために、相続税に対する備えは自然にできている状態でした。しかし、子どものいない夫婦の場合は、万が一に備えて若いうちから遺言を遺しておくことが賢明です。特に資産に占める現物資産の割合が高い場合は、遺産分割で配偶者が窮地に立たされることがあります。その点、妻にすべて相続するという遺言さえ遺しておけば、第3順位の兄弟姉妹には遺留分が存在しないため争い自体が起こらないのです。

子どものいる夫婦の場合は配偶者とその子どもが遺産を相続することになるため、揉めるケースはもちろん存在するものの、お互いの性格や事情をよく知ったうえで話し合いが行われます。一方で、子どものいない夫婦の場合、配偶者はもともと家族関係になかった間柄の相手と遺産分割協議を行わなければなりません。金融資産や現金が豊富であれば遺産分割自体は容易ですが、その場合は相続税が高くなってしまいます。不動産など現物資産を多く保有していた場合は、相続税自体は抑えることができますが、今度は遺産分割が難しくなってしまいます。まさにあちらを立てればこちらが立たずの状態です。

子どものいない夫婦の場合は、不動産投資で課税評価額を抑えるだけでなく、遺言書を作成して遺産分割をコントロールすることがより重要です。遺された配偶者の気持ちや生活に配慮し、争いが起こらないよう内容を定めておき、もし家族構成に変化があれば適宜見直すようにしてください。

【ポイント7】相続財産の全貌を整理しておく
譲り受けたレアカードが相続財産と認定され課税されたGさん

Gさんは1年前に夫を急な病で亡くしました。Gさんは勤め人でしたが、夫は起業してビジネスを成功させた人物で、協力して子育てに取り組んできました。Gさんの夫が亡くなった時点で子どもは12歳であったため、夫の死去に伴いビジネスの譲渡などで得た財産は2分の1をGさんが、残りの2分の1を息子が受け継ぎ、相続税を納付したうえで残りをGさんが管理していました。

Gさんは夫が若くして亡くなったことにもショックを受けましたが、さらにGさんを苦労させたのが、珍しいもの好きの夫が保有していた財産の把握作業です。闘病する夫に相続の話題を切り出すことができなかったため死後になってから整理を始めましたが、夫のパソコンやスマートフォンの中身をくまなく調べ、どうにか期限ぎりぎりで税務署に申告することができました。株式や投資信託はもちろん、さまざまな種類の暗号資産や外貨資産などが含まれており、申告を依頼した税理士も手を焼くほど非常に煩雑なものでした。

相続に関する手続きはひととおり完了しましたが、Gさんの夫が仕事部屋として使っていた部屋の片づけはまだ終わっていません。そこにはさまざまな絵や人形、おもちゃのようなオブジェなど、Gさんには分からないコレクションが雑多に詰め込まれていました。

ある日、Gさんが夫の部屋を整理していると、息子が部屋に入ってきてとあるファイルを見つけるや「すごいレアカードがある」と騒ぎ始めました。興奮する息子に話を聞いてみると、Gさんの部屋の本棚にあったファイルには人気カードゲームの有名なレアカードが10枚ほど入っていたらしいのです。

息子はこのカードをネットオークションに出品したいと提案してきました。そこでGさんは試しにその10枚について出品することを許可したところ、最高で1枚200万円近い高額の入札が入ったのです。

Gさんと息子はこの結果に驚くとともに予想外の臨時収入に戸惑いましたが、その後にもっと戸惑う出来事が待ち構えていました。高額なカード取引が税務調査の対象となり、相続申告について税務調査が入ることになったのです。

この結果、夫の仕事部屋からはレアカード以外にも資産価値のあるお宝が次々と見つかりました。壁に掛けてあった落書きのような絵は著名なアーティストの作品であることが判明し、クローゼットからはビンテージの衣料品やスニーカーも見つかりました。どれもGさんには価値が分からない、ただのガラクタと思っていたものばかりです。

税務調査の結果、Gさんに悪意はなかったものと判断されましたが、修正申告を促されました。Gさんは言われるがままに修正申告を行いましたが、今も自分には分からないお宝がこの家のどこかに遺されているのではないかと不安を抱えています。

富裕層のご家庭には、一見して価値が分かりにくいコレクションが存在していることがあります。以前は高価な楽器や絵画、陶磁器などが代表格でしたが、近年はさまざまな物品に価値が見出されるようになり、時には投機の対象となっているため、一見して価値の分からないものが相続財産の対象となる場合があります。

珍しい事例ではありますが、行きつけの飲食店に高額なワインを大量に預けていたり、高額で取引されるトレーディングカードをコレクションしたりしている方もいらっしゃいます。これらは十分な金銭的価値があるため相続資産に含めるべきですが、遺族が存在を把握しきれずに申告が漏れてしまいがちです。相続対象として漏れやすい資産に、故人が保有していた特許権や著作権などの無形財産、未回収の貸付金や債権などがあります。

申告が漏れてしまった相続財産は、多少であれば問題にならないことも多いですが、高額や大量になると税務署に指摘されて修正申告しなければならなくなります。特に今後、本人以外からは存在が把握しづらい暗号資産などのデジタル資産については大きな混乱が予想されるところです。

趣味の延長で個性的な資産を保有している場合は、価値のあるものについて可能な限り日常的に情報を整理してリストアップしておくようにしてください。そうすればご自身でも資産状況を把握しやすくなり、年を経るにつれて保有する資産を処分すべきか、価値の分かるコレクターに譲るべきかなど、自然に考えを馳せられるようになるはずです。

第 5 章

富裕層ならではの悩みに精通する

世代を超えた相談ができる専門家の選び方

富裕層の相続に適した専門家は意外にも少ない

富裕層の相続にはさまざまな落とし穴が存在するため、専門家のアドバイスやチェックを受けたいと希望される方が多いかと思います。試しにインターネットで「相続　相談」というキーワードで検索してみると、法律事務所や税理士の紹介サイトに大手不動産会社などが数多く候補に挙がってくるため、一見すると相談先は豊富であるように見えます。しかし、彼らの多くは一般の相続制度について適格な助言をすることができるとしても、富裕層の相続対策に関して踏み込んだ提案ができるかというと、必ずしもそうではないというのが実情です。

「相続」はさまざまな専門分野にまたがった複合的なカテゴリーです。相談するとすれば法律もしくは税務の専門家がまずは候補に挙がりますが、これらの専門家が必ずしも相続全般に詳しいとは限りません。日本には相続に特化した公的資格はなく、相続についてオールラウンドに対応できる専門家は意外にも少ないのです。

そして、実際に相続に詳しい士業などの専門家であっても、彼らが富裕層特有の事情に通じているとは限りません。相続の問題は資産の多寡にかかわらず誰にでも振りかかる問題であり、富裕層の相続対策というごく一部の事例に対して実績がある専門家となると、その数は相当に限られるのです。

実績のある専門家を探すには、富裕層の知人・友人からの口コミで紹介を受けることが最も信頼性の高い手段です。しかし、富裕層に特化した専門家の数は限られているため、紹介では辿り着くことができない場合も多いでしょう。この場合は、ご自身で必要な知識を身につけ、専門業務を各士業に割り振りながら横断的に協力を仰いでいくという方法も考えられますが、現実的にはかなりハードルが高いです。

ご自身で的確な指示を出すことが難しければ、相談者の事情を親身になって聞いてくれて理解力の高い方をパートナーとして窓口役に立て、その方をハブにして各専門家と連携してもらう方法が良いでしょう。パートナーは条件さえ合致すればいずれの士業でも、あるいは資格を持っていない一般の方でも構いません。

パートナーに必要な素養は、相続全体の流れを理解していること、相談者の悩みごとや不安に寄り添ってくれることです。相談者の状況を的確に把握し、必要な業務を各士業に適切に割り振ってくれる方こそが、まず探すべき「専門家」です。

このパートナーとなる専門家は、相談者と相性が合って話しやすい相手であることが重要です。相続に関する相談では、ご家族や資産についてなど他人には話しづらい重要な個人情報を開示しなければなりません。そこには知識や経験以前に、人対人の信頼関係が求められます。さまざまな候補者と面談を行い、回答が明快で信頼できる人柄のパートナーを探してください。このとき、ご自身でも相続の知識を身につけておき、候補者の回答がご自身の求めているものに近いかを判断できることも必要です。

富裕層の相続はビジネスチャンス？

富裕層の実態に詳しく、富裕層からの相談を数多く受けた経験を持つパートナーとしてまず候補に挙がるのが、プライベートバンカーや信託銀行です。確かに彼らは日常的に多くの富裕層と接しているため、富裕層特有の問題に対する理解度や課題を解決する能力に長けていることは大きな魅力でしょう。ただし、彼らに相続の相談を持ちかける場合は、そのアドバイスがご自身にとって本当に適切な内容であるのかをよく吟味する必要があるかもしれません。

というのも、富裕層の相続は金融機関にとってみれば一大ビジネスチャンスです。巨額の資金が動く相続の場面において、自社の商品を売り込むことに成功すれば多額の手数料収入を見込むことができます。さらに不動産の売買などについても系列企業で囲い込むことができれば、その利益はグループ全体で莫大なものとなるでしょう。そのため、自社に有利な方向に誘導しようとするあまり、提案される打ち手にバイアスがかかり選択肢が限られてしまうことがあり得ます。

もちろん、アドバイスをするからには対価を得ようとする行為は企業として正当な営利活動です。ただし、その内容が行きすぎたものではないか、相談者にとって不利になっていないかはよくよく検討をする必要があります。この判断をするためには、やはり相談者が相続について必要な知識を獲得するとともに、適切なセカンドオピニオンを得るなどして、アドバイスの妥当性を判断できるようになるべきです。

余裕を持ったパートナー探しが肝心

信頼できるパートナーを探す際には、時間のゆとりを持って行えるようにしたいです。高齢になってしまったり、病気を患ったりして時間や気持ちのゆとりがなくなってしまうと、十分に内容を吟味することなく調子のよい相談先に飛びついてしまいがちです。そこでもしも相手が不誠実だった場合、相談者に時間の余裕がないことが悟られてしまうと、足元を見られてあれこれと不要なものを売り込まれかねません。

こうした事態を避けるためには、やはり若いうちから相続について関心を持ち、投資などの経験を積んでおくことが有効です。その過程で知り合った信頼できる人物に対して親やご自身の相続について自然な流れで相談を持ちかけることができれば、いざというときになって焦ることなく良い結果につながりやすくなるでしょう。

また、相続が本格化する前からパートナー候補に相談することは、相手が相続について適切に理解しているか、真摯に相談を受けてくれるかを確認する良い機会になります。相続は取り組みが早ければ早いほど良い結果につながりやすいものです。にもかかわらず、「まだ早すぎるのではないですか」と相談を取り合ってくれないとすれば、それは相続の本質を理解していない、もしくは目先の利益にしか興味がないということだからです。

士業への相談は得意不得意を理解して使い分けを

相続のパートナーが定まったら、パートナーからのアドバイスを参考にしながら相続に必要な手続きについて士業と連携していきます。相続に関する手続きや相談は弁護士、税理士、司法書士、行政書士のいずれかに依頼することが多く、この4士業はそれぞれの資格によって対応できる業務が異なります。

弁護士は法律全般を扱う専門家で、相続に関するトラブルの解決において重要な役割を果たします。遺産分割協議が難航している場合や、相続人の間で紛争が発生した場合に代理人として交渉を行うことができ、遺産分割調停や審判の申し立て、代理人としての出席も可能です。弁護士は相続に関する法的な問題を総合的に解決する力を持っていますが、

図表14　各士業の役割

	専門	相続における役割
弁護士	法律全般	・相続に関するトラブルの解決 ・遺産分割協議の難航や相続人間での紛争に対し代理人として交渉 ・遺産分割調停や審判の申し立て、代理人としての出席
税理士	税金	・相続税の申告や納付に関する手続き ・相続財産の評価 ・税務面からの遺産分割のアドバイス ・相続税申告書の作成
司法書士	登記	・不動産の名義変更（相続登記） ・遺産分割協議書の作成
行政書士	書類作成	・相続人調査 ・遺産分割協議書の作成 ・相続関係図の作成 ・相続手続きの初歩的な部分のサポート

依頼した場合の費用が高額になってしまう傾向があります。

税理士は相続における税の専門家で、相続税の申告や納付に関する手続きを担当します。相続財産の評価や、税務面からの遺産分割のアドバイス、相続税申告書の作成は税理士にしか行えません。ただし、相続税の計算はどの税理士でも行うことができますが、富裕層に適切な相続対策を提案できるかは税理士次第です。税理士は正確な納税をサポートする専門家であり、節税の専門家ではないからです。

司法書士は不動産登記の専門家であり、相続の場面では不動産の名義変更（相続登記）を行うことができます。相続財産に不動産が含まれている場合は、司法書士に依頼することで円滑に名義変更を進めることができるでしょう。また、遺産分割協議書の作成も行うことができますが、代理人としての交渉はできません。司法書士は遺産分割が円満に進んでいる場合に相談する相手として適しています。

行政書士は書類作成の専門家であり、相続人調査や遺産分割協議書の作成、相続関係図の作成などを行うことができます。相続手続きの初歩的な部分をサポートすることが得意で、依頼した場合の費用もほかの士業と比較して安価に抑えられます。ただし、法律的な問題の対応や税務に関する業務は行えないため、必要に応じて他の専門家と連携することが求められます。

相続手続きにおいては、弁護士、税理士、司法書士、行政書士それぞれの専門家の得意分野を理解し、適切に使い分けることが重要です。大まかに業務分野と特徴を知っておくことで、効率的に相談を進めることができるだけでなく、相談費用も安価に抑えることができるでしょう。

相続に強い不動産会社の定義とは

富裕層が相続対策を専門家に相談した際に、その目的に相続税を抑えることが含まれている場合、ほぼ確実に不動産の購入を勧められることでしょう。現在の相続税の制度上、不動産を保有することが最も資産圧縮効果が高いため、資産を不動産に換えることは鉄板の方法だからです。

しかし、多くの専門家が不動産の購入を勧めますが、その先までをサポートできるかといえば疑問符がつきます。相続対策に効果的な不動産を購入するにあたっては「①資産運用コンサルティング」「②課税評価額の圧縮効果が高い物件の提案」「③金融機関からの借入のサポートや交渉」「④相続発生前後での不動産運用サポート」ができる相手が望ましいのですが、これらを適切に行うことができる不動産会社は非常に少ないからです。

一般論として、大半の不動産会社の営業担当者には税務の知識はほとんどありません。また、不動産を活用した相続税評価圧縮についてのノウハウもまずありません。これは営業に偏重した業界構造に起因するもので、大手であってもこうした知識やノウハウを軽視する傾向にあるのです。

営業担当者がたまたま知識やノウハウを持ち合わせていたとしても、会社の経営上の都合でベストな選択肢を顧客に提示することができない場合もあります。特に大手では自社が媒介契約を結んだ物件を多数保有しているため、いわゆる両手取引を狙って顧客にはそれらの物件を勧めがちになるからです。偶然でも条件に合うものが見つかれば良いのですが、営業ノルマを達成するために選択肢を狭められてしまうのは避けたいところです。

また、相続の場面では検討される物件が高額になりがちなため、適切かどうかを深く検討させずに契約を急がせようとする営業担当者も少なくありません。彼らの言葉に嘘や偽りはないか、説明する内容が本当にご自身の相続に資するものであるかはよく見極める必要があるのです。

一方、富裕層の相続対策に適した物件を専門的に扱う不動産会社は、物件情報をインターネット上で公開していることはまずありません。こうした不動産会社は広く顧客を募ることよりも確実に不動産を購入できる資力のある顧客と誠実に対応することを優先します。そうした買い手を売り手につなげることができなければ、そもそも希少な物件の仲介を任せてもらうことはできないからです。また、一般的に高額物件の売り手はほとんどが法人もしくは個人の富裕層です。高額の不動産を手放すことが公開情報になってしまうとその企業や人物の信用にも関わる場合があります。このため、ある程度の関係性を不動産会社と築いてからでなければ具体的な物件情報を得られないことも多いのです。

相続に強い不動産会社を探すには、口コミやインターネットなどでその会社が富裕層の相続対策に適した物件を仲介しているかを予測し、実際に訪問するなどして確認をするしかありません。そこで対面にて具体的な相談をしながら、相手が親身になって話を聞いてくれるか、税務や投資の知見が十分にあるか、融資に関するサポートまで行っているか、物件の良し悪しを見極める目はあるか、目的に適した物件を紹介する力があるかなどを判断していきましょう。

このように、相続に強い不動産会社を見つけるまでには、ある程度の手間と時間がかかります。相続のパートナー探しと同様、やはり相続の準備には時間のゆとりが必要であるといえるでしょう。

士業からの紹介を信頼しすぎない

独力で相続対策のパートナーを探すことはなかなか骨の折れる作業です。このため、まずはご自身の信頼する方から専門家を紹介してもらおうとするのが一般的でしょう。富裕層の知人・友人からの紹介は非常に有効な手段ですが、やはりそう簡単に辿り着けるものではありません。このため、多くの場合では日頃お世話になっている顧問などの士業から良い相談先を紹介してもらおうとします。しかし、ここで紹介された相手を頭から信じてしまってよいかは注意が必要です。

最もありがちなのは、ご自身が経営している会社の顧問税理士に相続対策の相談を持ちかけた結果、知り合いの不動産会社を紹介されるというパターンでしょう。相談者としては、税理士の紹介であれば相続対策に適切な物件を紹介してもらえるのだろうと思い込んでしまいがちですが、そのような専門性のある不動産会社が紹介されることは残念ながらほぼありません。

そもそも、会社の顧問をしている税理士は一般的に法人税務の専門家ではありますが、個人の相続税務の専門家ではありません。広く知られている節税の手法は紹介できても、個々の家庭の資産状況や家族構成に適した提案ができるとは限らないのです。

このため、相続の専門家ではない税理士から紹介された不動産会社が相続の知見を持っている確率は非常に低くなります。大抵の場合は、顧問先の不動産会社から思い当たる先を順番に紹介しているというのが実情です。そして多くの場合、すぐに紹介できて仲介手数料を安易に得られる物件を紹介され急ぎで契約を勧められることになります。ほかにも、規制が強化されたばかりのタワーマンション上層階の購入を勧められた、相続税評価の圧縮効果があまり高くない物件だった、蓋を開けてみれば不動産会社が在庫を抱えて処分に困っていた物件だった、などの事態が起こりがちです。

ただし、このような不動産会社の勧める相続対策に不適切な物件を購入してしまったとしても、後からクレームに発展することはまずありません。なぜなら、勧められた物件が相続向けでないとしても、一般的な不動産であれば最低限の相続対策は実現できてしまうからです。何もやらないよりはマシな程度でも満足してしまい、本来とるべきだった手法と購入すべきであった物件で得られたはずの大きな効果に気づくことはないのです。

一方、専門性が高くネットワークの広い一部の士業からであれば、実際に相続に強い不動産会社を紹介してくれることもあります。結局のところ、紹介元が情報を多く持っているか、知識や経験が豊富であるかで紹介先の信頼性が担保されることになります。一口に士業といっても相続（とりわけ富裕層の相続実務）に長けた専門家は限られるため、間違いのない専門家を紹介してくれるはずだという先入観を持つのは危険ということです。

ご家族ともコミュニケーションがとれる人を選ぶ

相続のパートナーを選定する際には、相手が専門的な知識を持ち、豊富な経験を積んでいることはもちろん大事なのですが、それと同じくらい重要な条件があります。ご家族に対して分かりやすく噛みくだいて説明することができ、安心感を与えるコミュニケーションをとることができる方をぜひ選んでください。

経営者や投資家、高収入の勤め人タイプにありがちですが、相談先を「自分と同じ目線で会話ができる人」「自分と馬が合う人」を基準にして選ぶ場合があります。これはご自身の仕事や資産運用に関する相談であれば問題ないのですが、テーマが相続となると事情は違ってきます。いくら知識や経験が豊富であっても、信頼感のあるコミュニケーションがとれなければ遺されたご家族からの理解を得られず、後日のトラブルを引き起こす懸念があるからです。

ご家族の相続プランを牽引した方が故人となってしまった場合、相続の計画策定や手続きを支援する専門家は、当人が不在の状態でご家族に故人の考えを代弁し、不安な心を支えながらサポートしなくてはなりません。また、相続プランの策定を牽引した方が被相続人である場合は、相続が発生したときにご遺族に分かりやすく現状を説明し、中立的な立場からアドバイスや調整を行える存在であることが求められます。

この素養を求めすぎると該当者を見つけることが難しくなりすぎるため、完璧を求める必要はありませんが、相続に伴走するパートナーにはこの素養が備わっているに越したことはないでしょう。知識や経験などの能力だけを重視するのではなく、こうした人間的な相性についても忘れずに確認するようにしてください。

長期のお付き合いを前提にパートナー選びを

遺されたご家族と継続したコミュニケーションが必要という点では、パートナーの年齢にも気を配る必要があります。あまりにもベテランの方をパートナーとして選んでしまうと、相続発生まで10～20年が経過した頃にはパートナーがすでに引退してしまっているという可能性もあります。また、たとえ引退されていなくとも、高齢になりすぎてしまうとスムーズな手続きに支障をきたす恐れがあります。

可能であれば、パートナーは若手世代から選びたいところです。相続への取り組みは長期戦です。一度立てた計画はそのまま放置せず、状況の変化に応じて修正や調整を繰り返し、遺言書も適宜差し替えていかねばなりません。そうした経過に伴走しつつ相続までの経緯をしっかりと把握してもらい、相続発生後のご家族へのフォローまでを期待するにはしっかりと働き続けられる若手こそが望ましいのです。

確かに、ベテランには豊かな経験値があり、その対応にも安心感があることでしょう。

なるべく経験豊富な方に依頼したいという気持ちは理解できますが、今は若手であっても10~20年後には頼りがいのあるベテランに成長しているはずです。担当者を選択する際は長いお付き合いとなることを前提に、相続が発生するときまで伴走してくれる年齢であるということも重要なポイントになるのです。

パートナーの年齢が問題になるのであれば、個人に頼るのではなく人員が豊富な大手事務所に依頼をすればよいのではと考える方もいらっしゃいます。確かに事務所内でノウハウが蓄積・承認されているのであれば、その方が安心という考え方も一理あります。

一方で、大手の事務所はスタッフの出入りが激しいため担当者が短期間で交替しやすい傾向にあります。これはどの業界でも全般的にいえることですが、いくら組織としてノウハウの承継やマニュアルの整備が進んでいても、担当者の力量や関係性によって結果は大きく左右されます。相続という非常にセンシティブで信頼関係が重要な手続きにおいて、肝心なタイミングで相性が悪い担当者に交替してしまうことは避けたい事態です。その点、中長期で信頼して任せられる個人をパートナーとした方が安心なのです。

第6章

家族で進めるプラスアルファの対策で

円満相続をかなえる

相続はご家族全員で取り組むことがポイント

富裕層の相続は、ご家族の人生に大きな影響を与えるイベントです。このため、相続を単なる財産の分配としてではなくご家族の絆や将来に深く関わる一大事として捉え、早期からファミリー全員で問題意識を共有する必要があります。

相続は単なる法律的な手続きではなく、ご家族の感情や価値観が交錯し合う難解なプロセスです。さらに富裕層の場合は、資産の規模が大きく種類も多様であることから、ご家族間での意見の調整が複雑になりやすい傾向にあります。このような状況下では当然ご家族で協力して解決にあたることが求められますが、被相続人を失った状況下でお互いの利害関係が対立してしまうと、信頼関係に基づいた冷静な話し合いをすることが難しくなってしまいます。このため、可能ならば被相続人が亡くなる前に時間をかけて話し合うことが望ましいとお伝えしてきました。

特に富裕層の場合、相続される資産は遺されたご家族の生活基盤を支えるものであり、その分配方法はご家族全員にとって納得できる内容である必要があります。そのためにはファミリー全員が相続の話題をタブー視することなくオープンなコミュニケーションを図ることで、各々の希望や意見を反映した相続計画を立てていく必要があります。被相続人の意思だけで決定するのではなく相続人たちの意見も反映することで、相続後の関係性を円満に保ちやすくなるのです。

相続におけるトラブルの多くは、事前の話し合いや準備の不足から生じます。被相続人が亡くなる前からご家族全員で相続について話し合い、準備を重ねることでより良い相続への道は拓けるのです。

まずはご家族で話し合う

相続の準備を始めるうえで最も難しいハードルは、どのようにご家族内で相続の話題を切り出すかです。資産を遺す本人が相続の準備を始めるのであればまだご家族にも相談を持ちかけやすいものの、配偶者や子の立場からは相続の話題を切り出すことをためらわれるというお気持ちはよく理解できます。タイミングを探りながら、ご家族を話し合いの場に引き出すことがまずは重要なステップです。

話を切り出すタイミングについては慎重に検討をする必要がありますが、相続についてご家族で話し合うことに適した機会はそれほど多くありません。可能であれば、ご家族全員が健康で時間や気持ちに余裕がある時期が望ましいからです。親が元気で日常生活に支障がない時期は油断しているとあっという間に過ぎ去ってしまいます。慎重にタイミングを見極めることも大切ですが、いつかは勇気を持って口火を切らねばならないのです。

例えば、自然にご家族が集まる機会を利用すれば「せっかく集まったのだから」と話題に出しやすいでしょう。お正月や年末年始、ご家族の誕生日などのイベントは良いタイミングです。ご家族全員がリラックスしており自然な流れでの話し合いがしやすいため、節目であることを口実にして、まずは各々が相続についてどう考えているかを確認してみるのが良いでしょう。

また、親が病気やけがで入院した際なども、相続の話題を切り出しやすいタイミングの一つです。親が自身の健康状態を意識し、将来のことを考え始めるきっかけになる場合が多いためです。さらに、身近で相続が発生した場合も相続について考え始める良い機会となります。他の事例を参考にすることで、ご自身の相続についても想像力を持って話し合うことができるようになるでしょう。

財産目録を作成してみる

相続についてご家族で話し合う準備ができたら、まずは財産目録を作成します。財産目録とは被相続人が遺した財産の全体像を把握するための一覧表で、ご家族が資産の全体像を把握したり遺産分割の希望を出し合うために役立ちます。財産目録の作成は法的な義務ではありませんが、基本的に作成すべきでしょう。

財産目録は一度作成して終わりではありません。その後も継続的に更新する必要があるため、表計算ソフトで作成しておくと簡単に更新をすることができて便利です。裁判所のホームページに雛形が掲載されているため、そちらを参考にしてもよいでしょう。

リストには被相続人の保有するプラスの財産とマイナスの財産を記載します。プラスの財産には現金、預貯金、有価証券、不動産、車両、貴金属、美術品などを、マイナスの財産には借入金、未払金、ローンなどをリストアップしていきます。それぞれの財産について、種類、数量、所在、評価額などの項目を詳しく記入していきます。

現金や金融商品、不動産などであれば比較的リストアップは容易ですが、現物資産の場合はどこまでを相続資産とするのか判断が悩ましいこともあります。リストアップするべき代表的な資産としては、ハイブランド品、高級時計、高級食器、宝石、骨董品、高価なワイン、プレミアムがついたコレクション品などです。これらの資産は実際の相続の場面では資産として計上しないこともありますが、ご家族と話し合う段階ではなるべくリストに加えておいてください。資産の全容をリスト化することでご自身の資産状況を正確に把握することができますし、価値があるものをご家族に正しく伝えることもできます。

遺言書を作成してみる

財産目録を作成したら、可能な範囲でご家族に開示して意見を聞き、そのうえでご自身がどのように相続させたいかの考えをまとめていきます。考えがある程度まとまったら、その内容を遺言書にまとめることにチャレンジしましょう。

遺言書を作成する時期は、一般的にリタイアを迎えた60～65歳が目安といわれますが、取り組み始めるタイミングとしてはもう少し早い方が望ましいです。一度で完璧なものを作ろうと気負う必要はありません。まずは粗々でも作成してみることで、ご自身の考えを形にして検討したり見直したりする土台を作ることが第一の目的です。

遺言書は、被相続人がご自身の財産をどのように各相続人に分配するかを意思表示するために使うもので、相続におけるトラブルを未然に防ぎ、被相続人の意思を確実に反映させることを目的としています。遺言書には作成方法によって3つの種類があり、それぞれの役割や法的効力が異なります（図表15）。

自筆証書遺言は、遺言者が遺言の全文（財産目録は自筆でなくても可）、日付、氏名を自ら手書きして押印する形式の遺言書です。この形式は費用がかからずいつでも手軽に作成できるという利点があります。遺言の内容を他人に知られることなく秘密にできるため、プライバシーを重視する方に向いています。ただし、法的要件を満たしていないと無効になるリスクがあり、内容の不備や紛失、改竄《かいざん》の可能性もあるため注意が必要です。法務局の保管制度を利用することで紛失や改竄のリスクを軽減することができます。

図表15　遺言書の種類

種類	自筆証書遺言	公正証書遺言	秘密証書遺言
作成方法	自分で遺言の全文・氏名・日付を自書し、押印する	本人と証人2名で公証役場へ行き、本人が内容を口述し、それを公証人が記述する	本人が証書に署名・押印した後、封筒に入れ封印して公証役場で証明してもらう
証人	不要	証人2名以上	公証人1名 ・ 証人2名以上
家庭裁判所の検認	必要 ※法務局にて保管の場合は不要	不要	必要
遺言書の開封	封印のある遺言書は、家庭裁判所において相続人等の立会いを以って開封しなければならない	開封手続きは不要	必ず家庭裁判所において相続人等の立会いを以って開封しなければならない
メリット	●作成が簡単かつ安価 ●遺言内容を秘密にできる	●遺言の存在と内容を明確にできる ●検認手続き不要	●遺言の存在を明確にできる ●遺言の内容を秘密にできる
デメリット	●検認手続きが必要 ●紛失のおそれがある ●要件不備による紛争が起こりやすい	●遺言内容が漏れる可能性がある ●遺産が多い場合は費用がかかる	●検認手続きが必要 ●要件不備による紛争が起こりやすい

福岡相続サポートセンター　遺言書の種類と作成方法を基に作成

公正証書遺言は、公証人が遺言者の意向を聞き取って公証役場で作成する遺言書です。法律の専門家である公証人が関与するため法的に最も安全で確実な方法とされています。遺言書の原本は公証役場で保管されるため紛失や偽造の心配がなく、後日の紛争を防止する効果があります。ただし作成には費用がかかり、証人が2人以上必要です。

秘密証書遺言は、遺言の内容を秘密にしたまま公証人と証人にその存在を証明してもらう遺言書です。この方法では、遺言書を自分で作成して封印した状態で公証役場に持ち込みます。遺言の内容を他人に知られることがないためプライバシーは保たれますが、内容に不備があった場合には無効となるリスクがあります。

この3つの形式にはそれぞれ特徴がありますが、確実に法的効力を持たせたいのであれば公正証書遺言を作成することをお勧めします。自筆証書遺言は最も作成されることが多い形式ですが、独力での作成は要件を完璧に満たすことが難しく、満たしていない場合には法的な効力が認められません。ご自身で下書きしたものを専門家に依頼すれば、効果のある書式に落とし込んでくれるので安心です。ご家族の構成や資産の状況が変化した場合でもある程度は対応が効くような工夫もできるため、まだ壮健なうちに遺言書を作成しても変更の手間を最小限に抑えることができます。

法定相続分どおりに財産を継承させればよいと考えている場合でも、財産目録に基づいて誰に何を遺すかを明記した遺言書を作成すべきです。相続財産がすべて現金ならトラブルは起こりづらいですが、財産の種類が異なる場合は流動性が異なっていたり、評価額と市場価格が異なったりするため、あらかじめ法的な効力のある形式で決定がなされていない場合には争いの種が残ってしまうからです。

遺言書の内容はみだりに他人に開示するものでは当然ありませんが、必ずしもご家族に伏せておく必要はありません。むしろ正式に作成する前にはご家族に草稿を確認してもらい、その意見を受けて調整をした方が、皆が納得する結論に落とし込みやすくなります。生前のうちにご家族と意見を交わすことができていれば、遺されたご家族にとって無用な不公平感や理不尽な思いを味わわずに済むかもしれません。

遺言書を遺す目的は、ご家族を強制的に従わせるためではありません。誰に何を遺したいか、なぜそう考えるのかを分かりやすく相続人に伝えるためのお手紙です。わだかまりなく納得して資産を継承してもらうために、ご家族には遺言の内容について大いに話し合ってもらうべきなのです。

付言が円満相続の鍵

遺言書に「付言」を添えることで、故人の想いや遺産分割の意図を伝える方法があります。付言とは、遺言書において法的拘束力はないものの、相続人に対するメッセージや感謝の言葉や遺産分割の背景にある意図などを伝えるための部分です。

形式的な遺言書と比較して、付言には相続人の間での感情的な対立を和らげる効果があります。例えば、特定の相続人に多くの遺産を遺した理由や、遺産をどのように活用してほしいかといった希望を、心のこもったメッセージとともに相続人たちに伝えることができます。こうしたメッセージがあれば、相続人は被相続人の意図を理解しやすくなり、納得感を持って相続を行いやすくなります。

ご家族同士で遺言に関する話し合いができている場合でも、話し合いの記録を付言として残しておくことは効果的です。人の気持ちや記憶は数年で変わるものです。遺言書の作成から時間が経過している場合には、話し合いの内容や経緯をご家族が細かく覚えていなくても不思議ではありません。こうした場合に付言を見返すことで、当時の話し合いの背景などを思い返すことができるのです。

遺言は定期的にアップデートする

ご家族間での話し合いがまとまって遺言書を作成できたとしても、ご家族の構成や資産の状況は実際に相続が発生するその日まで変わっていく可能性があります。そのため、遺言書は定期的にアップデートをしていく必要があります。

遺言書をアップデートする際に注意すべきポイントは、ご家族で話し合って結論に達した遺言の内容はできる限り被相続人の一存で変更しない方が良いということです。

よくある遺言書の変更理由として、故人の晩年の暮らしのサポートや介護を担当してくれた相続人の取り分を増やしたいというものがあります。これは故人の立場に立てば非常に納得できる理由なのですが、こうした変更は事実として揉め事につながることが多いといわれています。

終末介護を行っていた相続人が遺産を多めに受け取る権利があるという主張は、客観的に見て妥当性があります。このため、法律でも故人の事業を無給で手伝っていたり療養や介護を行っていたりした場合など、特別な寄与をした相続人には「寄与分」を請求する権利が認められています。しかし、この「寄与分」を主張した場合には遺族間で争いになるケースが非常に多いのです。

寄与分の金額は相続人同士の話し合いで判断することが原則ですが、話し合いで合意がされなかった場合には調停や審判で法律に従って判断することになります。しかし、ここで寄与分が認められるためには法的にとても厳しい要件が必要とされています。故人の介護や事業を献身的に支えてきたのだからその貢献に報いてほしいという気持ちで寄与分を主張されたとしても、その対価を話し合いで決めることは難しく、法的には非常に厳格に判断せざるを得ないのです。

こうした観点から、晩年の暮らしのサポートや介護の貢献分について気軽に遺産を上乗せすることはお勧めできません。誰かの割合を増やすということは、他の誰かの分け前が減るということです。そこで相続人の間に感情的なもつれが生じてしまえば、そこからは泥沼の争いに陥ってしまいます。

もし晩年の恩に報いたいのであれば、その対価を生前に渡しておく方が相続での争いにはなりにくい傾向にあります。日々の献身に対するお礼として日常的に適切な額を渡していたのであれば、他の相続人たちも多くのケースでは納得してくれるものです。相続財産として渡す方法は賢明ではありません。

暦年贈与は良いことばかりではない

毎年110万円の非課税枠があり、専用口座の設立や使途を証明する領収書の保管など面倒な手続きがない暦年贈与は富裕層が好んで用いる相続対策の一つです。しかし、これも安易に行うと予期せず課税されたり不利益を被ったりすることがあるため、その点を踏まえたうえで適切に実行しなければなりません。

まず、毎年110万円までは非課税だからと毎年同額を無警戒に贈与していると、定期贈与とみなされて110万円以下であってもまとめて贈与税が課されてしまう場合があります。もし暦年贈与を行うのであれば、定期贈与とみなされない要件を理解して適切に行うことが必要です。

また、若い富裕層が早めに資産の移転をしようと未成年の子どもに対して暦年贈与を行う場合もありますが、これは投資戦略のうえで適切とはいえません。資産運用を行うことができない子どもに現金で暦年贈与を行ってしまうと、子どもに贈与された資産が20年近くも運用されずに放置されることになります。これは市況によっては贈与した方がかえって損をしてしまう場合もあるため、贈与するかは総合的な観点で考える必要があります。

もちろん、資産運用を行っておらず貯蓄として保有しているだけの高齢者などであれば暦年贈与をしても問題ありません。

贈与特例は積極的な活用を

暦年贈与に対して、贈与税の3つの特例として設けられている「住宅取得等資金贈与の特例」「教育資金の一括贈与の特例」「結婚・子育て資金の一括贈与の特例」を活用すれば通常よりも多額の贈与を行うことができ、手続きは煩雑ですがデメリットはありません。

ただし、いつ制度の変更があるかは分からないので、常に最新の情報をキャッチアップし、専門家に相談してから手続きを行うようにしてください。

・住宅取得等資金贈与の特例

両親や祖父母などの直系尊属から子や孫に対して住宅取得に必要な資金を贈与する場合に、一定の条件を満たせば贈与税が非課税になる制度です。この特例は若い世代が住宅を購入する際の経済的負担を軽減することを目的としています。

この特例を利用するためには贈与を受ける者が贈与者の直系卑属であることが必要で、贈与を受けた年の1月1日時点で18歳以上であることが条件です。また、贈与を受けた年の所得が2000万円以下であること、贈与を受けた資金は住宅の新築、取得、または増改築に使用される必要があります。

非課税限度額は、省エネ等住宅の場合は最大1000万円、それ以外の住宅の場合は最大500万円です。この特例は暦年贈与や相続時精算課税制度と併用することが可能で、適用期限が設定されているため、利用を検討する際には最新の情報を確認してください。

・教育資金の一括贈与の特例

両親や祖父母などの直系尊属から30歳未満の子や孫に対して教育資金を一括で贈与する場合に、一定の条件を満たせば贈与税が非課税となる制度です。この特例を利用することで最大１５００万円までの贈与が非課税となります。ただし、学校に支払われる入学金や授業料などの教育資金に限られ、塾や習い事に対しては５００万円までが非課税の対象となります。

この特例を利用するためには、金融機関と教育資金管理契約を結び、贈与資金を専用口座に預け入れる必要があります。金融機関は教育資金の支出が正当であることを確認し、受贈者の専用口座に入金します。受贈者の普通預金口座に直接振り込まれるのではなく、教育に関する支出が発生した際にその都度支払いが行われる仕組みです。

ただし、受贈者が30歳に達した時点で専用口座に資金が残っている場合は、その金額に対して贈与税が課されるため注意が必要です。また、贈与者が亡くなった場合にも、使い切れなかった資金は相続財産として扱われることがあります。

・結婚・子育て資金の一括贈与の特例

両親や祖父母などの直系尊属から18歳以上50歳未満の子や孫に対して、結婚や子育てのための資金を一括で贈与する場合に最大１０００万円までの贈与税が非課税となる制度です。この特例は結婚や子育てにかかる費用を支援することを目的としています。

この特例を利用するためには、金融機関と結婚・子育て資金管理契約を締結し、贈与資金を専用口座に預け入れる必要があります。非課税の対象となる費用には、結婚式や披露宴の費用（入籍日の1年前以後に支払われたものに限る）、妊娠、出産、育児に必要な費用などが含まれます。ただし、結婚のための費用は３００万円が限度額です。

この特例は贈与を受ける者の前年の所得が１０００万円を超える場合には適用されません。また、贈与を受ける者が50歳に達した時点で専用口座に残っている資金には贈与税が課されます。この制度は２０１５年4月１日から２０２５年3月31日までの時限措置として設けられ、その後の法改正により２０２７年3月31日まで期間が延長されましたが、廃止の議論もあるため検討する際は最新の情報を参照してください。

生命保険をうまく活用する

生命保険の活用は手軽にできる相続対策の一つであるため、本来であれば保険に加入する必要がない富裕層も多く加入しています。生命保険には相続対策として優れた点が複数あり、家族構成や相続財産の状況に応じて上手に活用すれば、より円満に相続を行うことができるツールといえるでしょう。

・子どもを契約者にして暦年贈与できる

契約者と受取人を子に、被保険者を親に設定しておき、保険料を贈与税がかからない年110万円以下にして親からの暦年贈与を支払いに充てれば、実質的に親の加入する生命保険契約を子に贈与した形となるため、親が病気や介護状態になった場合や死亡した場合などに子が保険金を受け取ることができます。この場合、子が受け取る保険金は相続財産ではなく、一時所得もしくは雑所得となります。

・遺産分割協議なしで受取人を指定できる

生命保険金は民法上において受取人固有の財産とみなされるため、遺産分割協議を経ずに受取人が直接受け取れるというメリットがあります。生命保険を活用すれば、他の相続人とのトラブルを避けながら遺産を遺したい相続人に対して確実に財産を継承することができるのです。たとえ相続放棄した相続人であっても有効に受け取ることができるため、何かしらの事情で相続放棄しなければならない相続人がいる場合でもその方に財産を遺すことができます。

・代償分割の資金として遺すことができる

代償分割とは、遺産が不動産など分割しづらい財産の場合や、特定の相続人が相続する財産が他と比較して高額な場合に、相続人の間で現金のやり取りを行って補償することで行われる分割方法です。相続人に十分な現金がない場合や補償額があまりに高額になることが想定される場合は、生命保険で補償を行う相続人に保険金を遺すことで代償分割をスムーズに行うことができます。

・生命保険金はすぐに支払われる

富裕層にとってはあまり関係ないかもしれませんが、保険金は請求から支払われるまで5営業日程度とする保険会社が多いため相続人の手元にすぐ用立てられる現金がない場合には、相続税の納税資金や葬儀費用などの資金としても活用できます。

生命保険は非課税枠を活用する

多額の資産を持つ富裕層であれば、突然亡くなられたとしても遺されたご家族が生活に困るような懸念はないため、本来であれば生命保険の契約は不要です。しかし、生命保険を活用すればその非課税枠分だけ相続税を節税することができます。

生命保険金は「みなし相続財産」として相続税の課税対象になりますが、一定の非課税枠が設けられています。この非課税枠は法定相続人の数に応じて計算され、「500万円×法定相続人の数」が限度額となります。例えば、法定相続人が3人いる場合であれば1500万円までの生命保険金が非課税となります。

この非課税枠を活用するためには受取人が法定相続人である必要があります。ただし、相続放棄をした場合や相続権を失った場合は含まれません。また、受取人が相続人以外の場合もこの非課税枠の適用を受けられません。そしてもう一つの重要なポイントは、受取人を配偶者ではなく子に設定しておくことです。配偶者が保険金を受け取った場合は二次相続の対象となるため、節税効果がさほど得られないからです。

生命保険金にかかる税金に注意

生命保険金にかかる税金は、相続税、所得税、贈与税のいずれかに分類されます。どの税金が適用されるかは、契約者、被保険者、受取人の三者の関係によって異なります。

生命保険金が「相続税」の対象となる場合は、被保険者と契約者が同一人物であり、受取人がその相続人であるケースです。例えば、親が自身の生命保険を契約して被相続人である子を受取人に指定する場合などです。この場合、生命保険金には「500万円×法定相続人の数」という非課税枠が適用されます。非課税枠を超える部分については相続税が

図表16　生命保険金にかかる税金

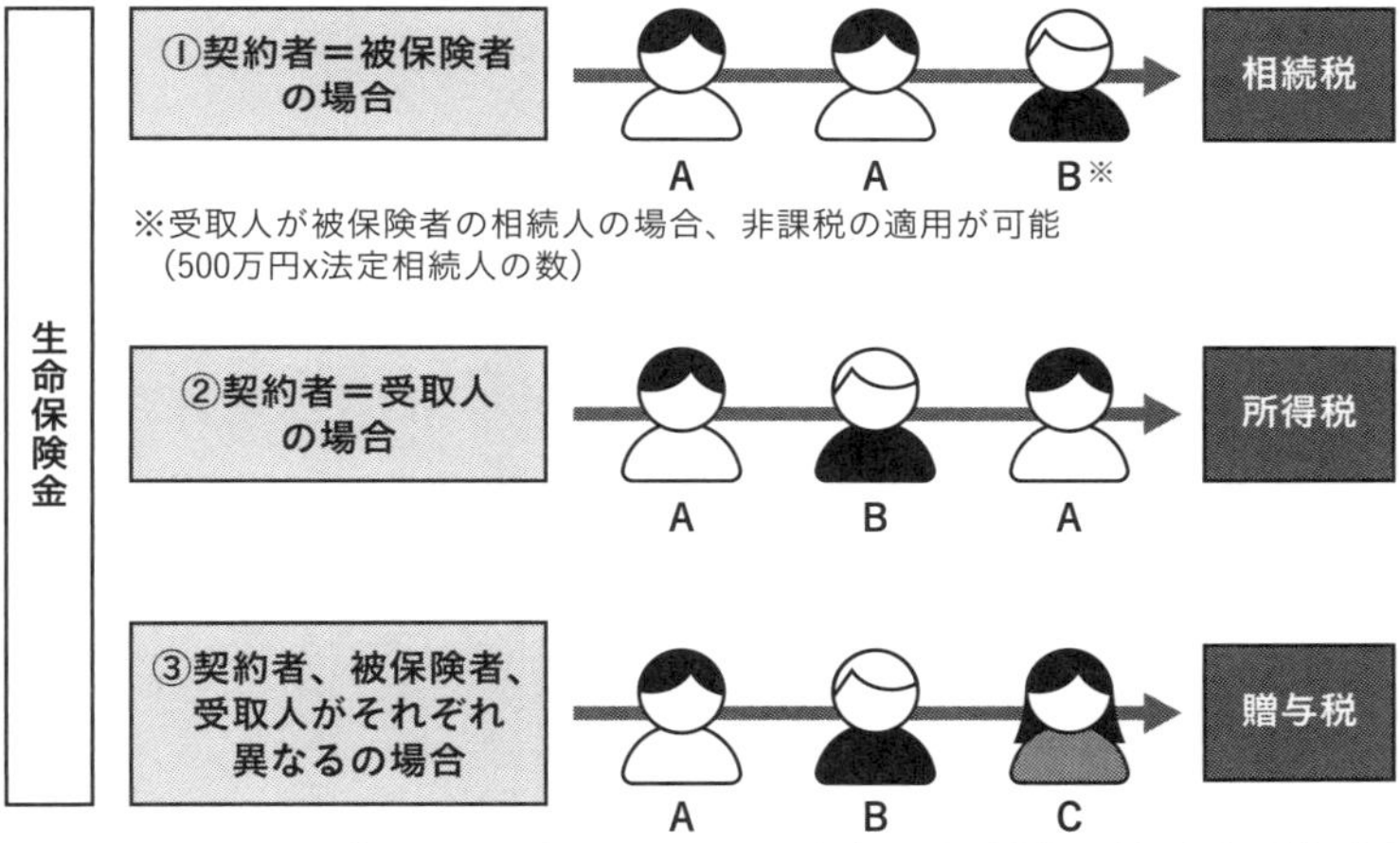

ほけんの窓口ホームページ「生命保険で相続税対策できる？死亡保険金の非課税枠等の制度を解説」を基に作成

課されてしまいますが、この非課税枠を利用することで相続税の負担を軽減できるのです。

「所得税」が課されるのは、契約者と受取人が同一人物であり、被保険者が異なる場合です。例えば、親が自身を対象とする生命保険について、契約者と受取人を相続人である子に設定する場合などです。このケースでは一時所得として所得税が計算されます。一時所得の額は「(受け取った保険金－支払った保険料－特別控除額50万円)×2分の1」で算出され、この額に対して所得税が課せられます。

「贈与税」が課せられるのは、契約者と被保険者が異なっており、さらに受取人もまた別の人物である場合です。例えば、被保険者が親で、契約者が子、受取人が孫と設定した場合などです。この場合、受取人は贈与を受けたとみなされ、その額に応じて贈与税が課せられます。

生命保険の被保険者と契約者、また受取人の設定次第で、どの種類の税金が課されることになるのかは注意が必要です。契約時には深く考えずに受取人を設定している方も多いですが、現在加入している生命保険の詳細を改めて確認し、問題がある場合は改めて適切な設定に修正する必要があるでしょう。

事業者は死亡退職金も計画しておく

被相続人が事業を営んでいたり、資産管理法人を保有したりする場合は、死亡時に遺族が死亡退職金を受け取ることができます。死亡退職金はみなし相続財産として相続税の課税対象になるのですが、生命保険金と同じく「500万円×法定相続人の数」の非課税枠が設けられています。

役員退職金は株主総会の決議を経て決定されます。事前に役員退職金規程を策定しておき、当該規程に基づいて退職金を支給することについて株主総会で承認を得るという流れが一般的です。

死亡退職金の額については、在任年数、最終報酬月額、企業への貢献度（功績）を考慮したうえで算定されます。この金額は自由に設定してよいわけではないため、顧問税理士と相談したうえで適切な制度と金額を設定しましょう。

資産管理法人を活用した親世代から子世代への相続対策においては、株式を子世代へと徐々に贈与していきますが、多くの場合では相続発生時点においても被相続人が法人代表者を務めているため、代表者の死亡退職金として設定すればよろしいでしょう。代表者ではなかった場合でも、役員として登記されて役員報酬が支払われていれば死亡退職金を受け取ることが可能です。

相続対策はご家族の実情に合うものの採用を

「相続対策」というカテゴリーにはここまで本書で紹介した以外にも、配偶者居住権の登記や孫養子、民事信託の活用などさまざまなトピックスが存在します。しかしこれらは、あまり富裕層向きの手法ではなかったり、極端な手法であるため事例が少なかったり、まだ手法がしっかりと確立されていないものであったりするため、本書ではあえて取り上げませんでした。

そもそも、相続対策は遺されたご家族が不自由することなく幸せに過ごせることを目的として行うものであり、相続税を1円でも安く抑えることが目的ではありません。もちろん次世代が豊かに暮らせるように少しでも資産を多く遺そうと考えることは、ファミリーが幸せになるための大切な要素ではありますが、それがすべてというわけではありません。極論すれば、資産を遺すことがご家族のためにならないと考える事情があるのであれば、遺族が遺留分を主張してもなるべく資産を遺さないように設計することが理想の相続対策となる場合だってあるのです。

幸せのかたちはファミリーそれぞれの境遇や価値観によって異なります。そして何を幸せと感じるのかは、ご家族一人ひとりにおいてもその基準が異なります。相続対策に取り組む場合は、取り組む主体が被相続人であれ相続人であれ、相続に関係するご家族全員と真摯に向き合って話し合い、「ファミリーにとって幸せとは何か?」という哲学的な問いの答えを導き出す必要があるのです。そして、この答えを見つけ出す過程こそが相続対策の本質であり、スタートなのです。

ここで紹介した相続対策の手法は、どれもファミリーの幸せを実現するための道具に過ぎません。時折、相続対策に熱心になるがあまり、肝心なご家族の気持ちや考えが置き去りになってしまうケースも見られますが、そうなってしまっては本末転倒です。相続対策を考える際には、この優先順位を常に意識しながら丁寧に進めるよう、くれぐれも肝に銘じてください。

おわりに

私は日々、富裕層を対象とした資産戦略コンサルティングを行っていますが、その相談対応をしている中で相続の話題は頻繁に登場します。富裕層の相続対策として不動産が有効であることはいまや多くの方が知るところなので、皆さん私の専門分野である不動産を活用するためのコツを聞きたがるのですが、そこで今の取り組みの状況を聞いてみると、ご家族での話し合いすら行えていないという方が大半です。

本書で繰り返し述べてきたように、相続対策は早期からの準備が欠かせません。富裕層の相続に対する国の姿勢は年々厳しいものになりつつあり、相続直前期での極端な対策には国税局から否認されるリスクが非常に高まっています。一方、相続対策に効果を発揮する不動産投資については、早く始めることのデメリットはほぼ考えられません。むしろ早く始めれば始めるほど、投資の果実をより多く得ることができ、年齢も若いうちであれば借入などで有利な条件を引き出せることが多いのです。

にもかかわらず、相続直前での駆け込み的な不動産購入が相次いでおり、投資上の収益がマイナスの物件を購入してしまうという失敗事例が繰り返される現状はとても残念でなりません。しかし、それだけ多くの方にとって、相続は早い段階から準備することに抵抗があり、ご両親が元気なうちに相談を持ちかけにくいテーマなのだろうと推察します。

資産が多ければ多いほど、受け継ぐご家族は相応の負担と責任を負わねばなりません。人は誰しもいずれ死を迎える存在です。遺されたご家族にとって懸念事項があるならばでき得る限り事前に備えておくべきはずなのですが、残念ながらその意識はあまり広まっていません。一般家庭では大黒柱の万が一の事態に備えて生命保険の契約を検討するように、富裕層も固有のリスクに備えて何かしらの対策を考えるべきなのです。

とはいえ、富裕層の万が一の事態にも安心して備えることができる不動産を見つけるということは、それほど簡単なことではありません。遺されたご家族の手間を取らず、安定した収益が見込める一等地の築浅RC物件が望ましいのですが、こうした物件は市場での流通量が非常に少ないのです。

また、そもそも相続に向いている物件の需要が高いこと、近年は日本の一等地における不動産価格の大幅な上昇が見られたことで、不動産投資としての収益をプラスに保ちながら相続対策も実現できる優良物件は非常に少なくなってしまいました。この場合は、相談者のご予算やご希望を加味しながら、より広い条件で物件を探し提案する力が求められます。提案する側の力量がより一層求められる状況になっているのです。

私の経営する「有栖川アセットコンサルティング」では、これまで富裕層向けの資産戦略コンサルティングと投資用不動産の仲介実績を積み重ねることで、相続・投資の両方をバランスよく実現できる物件を数多く取り扱ってきました。今では都内の一等地を中心に広く情報を交換するネットワークを築き、不動産の仲介依頼を多数受けるようになったのは、少数精鋭方式でクライアントと不動産オーナーの両者に対して一つひとつ誠実に対応してきた結果だと思っています。なお、コンサルティングの具体的な内容については、前著『不動産投資で組み立てる 富裕層のための資産防衛戦略』(幻冬舎メディアコンサルティング、2022年)を参照ください。

富裕層の相続ではとても大きなお金が動くため、企業にとっては格好のビジネスチャンスと捉える傾向にあります。多くの富裕層の方からお話を聞く中で、一代で財を成した方の類まれなき才能と努力の結果や、一族で代々受け継いできた家業が生み出した成果である大切なご資産をわずかな準備不足のために手離さざるを得なかったというお話は、お聞きするたびにとても残念でつらい気持ちになります。

富裕層の資産は、その富を築き上げたご本人やご家族のヒストリーを示す証でもあります。ご先祖が築き上げ代々守られてきた資産は、今それを管理する現役世代、そして受け継いでゆく次世代にとっても大切な存在です。しかしその大切なファミリーの証が、いざご家族の死という非常時に晒されてしまうと途端に乱雑に扱われてしまう場合があるのです。このような事態は、ご家族の死に関わる話題をタブー視せず、事前に話し合って準備をしていれば避けられたものもあったはずです。

もし、どうしても相続について考えることが難しいという場合は、不動産投資を始めることが相続の準備を始める良いきっかけとなるでしょう。不動産には標準的に相続税の課税評価を圧縮する効果が備わっておりますし、保有することで富裕層として将来の相続に必要なマネーリテラシーや資産運用の経験を身につけることにつながるからです。

不動産投資に限れば、通常の資産運用と相続対策で取り組む内容に大きな差異はありません。不動産投資を継続して行っていれば、結果的に相続の下準備が整った状態になりやすく、いざ相続が近づいた段階でも対応することは容易です。つまり、特別に相続対策を意識していなくても、自然な形で準備が始められるという利点があるのです。

今後、相続について考え始めたい富裕層の皆さまにおかれましては、まずは相続に関する書籍を読むなどして土台となる知識を蓄えたうえで、ぜひとも早期から不動産投資を検討して相続に向けた準備を整えてほしいと思います。そして相続に適した良い物件を探す際に、また良い物件の定義とはどのようなものかを考えるとき、本書の知見が役に立つことを心より願っております。

２０２４年12月吉日

鈴木子音

本書を執筆するにあたり、弁護士法人岡本　岡本政明法律事務所の田中宏明弁護士とAoyama Accounting税理士法人の浅野順彦税理士のお二人に監修としてご協力いただきました。ここに多大なる感謝を申し上げます。

鈴木子音（すずき しおん）

東京都生まれ、幼少期より中国・アメリカ・シンガポールで合計17年間生活する。慶應義塾大学在学中に学生ベンチャーを起業したほか、日本最大級の訪日外国人向けメディアMATCHAの立ち上げに参画し企画PRなどに関わる。卒業後は株式会社リクルートに入社し、SUUMOにて首都圏100社以上の不動産会社を相手に経営改善・業務支援コンサルティングを行い、全国通期MVP・社内コンテスト最優秀賞を受賞する。その後リクルートグループのシンガポールオフィスに2年間勤務し、帰国後は国土交通省への出向を辞して株式会社有栖川アセットコンサルティングを起業。資産家向けに不動産を中心としたオーダーメイド型の資産戦略コンサルティングに努める。著書に『不動産投資で組み立てる富裕層のための資産防衛戦略』（幻冬舎メディアコンサルティング）がある。

本書についての
ご意見・ご感想はコチラ

不動産で資産を守る・受け継ぐ

富裕層ファミリーの相続戦略

2024年12月18日　第1刷発行
2025年 5 月 1 日　第2刷発行

著　者　　鈴木子音
発行人　　久保田貴幸

発行元　　株式会社 幻冬舎メディアコンサルティング
〒151-0051　東京都渋谷区千駄ヶ谷4-9-7
電話　03-5411-6440（編集）

発売元　　株式会社 幻冬舎
〒151-0051　東京都渋谷区千駄ヶ谷4-9-7
電話　03-5411-6222（営業）

印刷・製本　中央精版印刷株式会社
装　丁　　弓田和則

検印廃止

Printed in Japan
ISBN 978-4-344-94867-9 C2033
幻冬舎メディアコンサルティングＨＰ
https://www.gentosha-mc.com/